ドイツ外交史

プロイセン、戦争・分断から欧州統合への道

稲川照芳 著

えにし書房

はじめに

私がプロシャ（これからはドイツ流にプロイセン）に特に興味を持ったのは外務省の上級研修生として西ドイツ（当時）・南西ドイツ（シュヴァーベン地方）にあるチュービンゲン大学に学んだときと関係がある（一九六九年十月〜一九七一年七月）。チュービンゲン市の高いところに行けばホーエンツォレルンのお城が遠くに見える。プロイセン――ドイツ帝国を作ったホーエンツォレルン家の元祖のお城で、典型的な中世のお城である。私が留学した当時は、フリードリッヒ大王の棺もお城の中に安置してあった（一九九〇年のドイツ統一後その棺はドイツ政府の手でポツダムにあるサン・スーシー宮殿の前庭に埋葬し直された）。なお、ＥＵとの出会いもチュービンゲン大学での勉学であった。二年間の研修が終わって、最初の勤務地がベルリン（東西間のベルリンの壁があり、東西対立が厳しかった）であり、その後「冷戦」が終わって壁がなくなった時には総領事として再びベルリンに勤務するとは思わなかったが、当時の目抜き通り、クーアフュールステン通りに面したオリヴァー広場とか、近くのフェールベリン広場など今更プロイセンの歴史を研究して、五百年前のプロイセンに思いを馳せる今日この頃である。

この機会に、プロイセン成立の経緯、その後の発展、プロイセンが発展したドイツ帝国と第一次、第二次世界大戦と二つの大戦前後、戦間期を主として外交面から振り返ってみよう。なお、戦後のドイツ（ドイツ連邦共和国）の辿った道、欧州統合についても触れてみた（後者については、日本では英国的な見方が強いように思うので、ここでは大陸的、特にドイツの見方を紹介してみたい）。そして若干ではあるが、日本の外交にも。

ところで、本書を書く気になったのは数々の疑問に、自分なりに答えを出したいと考えたからでもある。ドイツに長年勤務し、ドイツの大学にも多少の縁のあったものとして、ドイツの歴史、現象などについて興味が湧いてくるのは当然であるし、長いこといろんな疑問にぶつかってきた。例えば、ゲルマン人とドイツ人の関係とか、神聖ローマ帝国の発展とドイツ（帝国）の発展の方向が違うとか、ベルリン、ポツダムを中心とするドイツ帝国がブランデンブルクから出発すべきなのに、何故あんなに東方にあるプロイセンという地名から出発してドイツ帝国にという名を冠したのか、あれほど民主的だったワイマール憲法が独裁者ヒトラーを生み、第二次世界大戦につながることになっていったのか、そしてドイツが何故欧州統合に邁進するのか、欧州統合の現代的意味、いま日本がドイツから得るべき知恵は何なのか等々。

二〇一四年は第一次世界大戦勃発以降百年目に当たり、二〇一五年は第二次世界大戦終了後七十年を迎える。いずれの戦争もナショナリズムが密接に関係しているが、極端なナショナリズムがなぜ世界の平和にとって怖いのか、というような疑問にも逢着してきた。典型的な例が、ロシアのプーチン政権の下で二〇一四年三月、第一次世界大戦と密接に関係するといってもいいクリミア半島を、ロシアが一方的にウクライナから自国に編入し、その後もロシアが直接的にも間接的にも東部ウクライナに干渉している。これを契機に、米国とロシアの関係は冷却化し、一部ではポスト冷戦の終焉などとも言われている。クリミア半島を強引にロシアに組み入れたことでプーチン政権は国民の人気を高めているが、これは中国が尖閣列島問題を持ち出し、中国国民のナショナリズムに訴えかけているように見えること、韓国が歴史問題を持ち出して日本の一方的な譲歩を引き出そうとみられることなどと同じ問題である。

また、最近の情勢、外交面では、欧州が統合に向かう当時、私が最後に勤務した国ハンガリーこそ、国境問題を薄める機会となったはずなのに、ナショナリズムの高揚故に現在それが困難になっている（ハンガリーの壁計画）こと。これらはどう考えるべきか。本書の執筆を通じて、答えが出たかどうか、正直心もとないが、ドイツ外交の歴史を振り返れば、第二次世界大戦後の日本が歩んできた、歴史に学ぶこと、平和への努力、議会制民主主義、人権の尊重、特に戦後日本の平和への貢献は国際的にも高く評価されており、我々は大いに誇ってよいと思う。そう考えると、「戦後レジームからの脱却」というスローガンは果たしてとる必要があるだろうか？ということは言っておきたい。
最後に、自分自身にとっても大いなる疑問は、日本人なのにどうしてドイツのことを研究するのか、という疑問であるがこれについては、正直答えが出そうもない。

本書はもとより学者のように特定の分野に深い分析を施しているわけではなく、精緻さに欠けるところがあろうが、外交の実務経験とその知識を通じて研究した結果である。読者が関心を持たれた際の参考になれば幸いである。

元駐ハンガリー大使
稲川照芳

ドイツ外交史《目　次》

はじめに　3

I　ゲルマンからプロイセンへ　11

1　ドイツの歴史の初期の時代　11

2　プロイセンの歴史　15

II　プロイセンの発展　19

1　ブランデンブルク・プロイセンからプロイセン公国へ　19

2　プロイセン王国　20

III　ビスマルク時代とドイツ帝国の誕生　23

1　オーストリアを駆逐　23

2　普仏戦争とドイツ帝国の成立　24

3 「ベルリン会議」とロシアとの再保障条約 26
4 ビスマルクの評価 29

Ⅳ ヴィルヘルムⅡ世時代と第一次世界大戦への道 31
1 第一次世界大戦前の欧州情勢 31
2 第一次世界大戦 35

Ⅴ 「ワイマール」共和国からナチの支配を経て第二次世界大戦へ 39
1 ヴェルサイユ体制 39
2 「ワイマール共和国」 42
3 ヒトラーの独裁と第二次世界大戦への道 49

Ⅵ 第二次世界大戦 63
1 第二次世界大戦の推移 63
2 第二次世界大戦を振り返って 75

Ⅶ　第二次世界大戦後の西ドイツとドイツ統一 ―― 83
1　敗戦後のドイツの生き方　83
2　第二次世界大戦後のドイツ　84
3　ベルリンの壁崩壊から統一　98
Ⅷ　今日の国際社会のなかのドイツ ―― 103
1　欧州統合とドイツ　103
2　NATOとロシア　105
3　ドイツとロシア（クリミア半島併合とウクライナ親ロ派の後ろ盾）　107
Ⅸ　欧州統合 ―― 109
1　欧州と日本　109
2　ユーロ危機とEU　112
3　欧州統合の歴史　115

4　欧州同盟の組織　120
5　欧州通貨同盟の展望とユーロ　126
6　欧州共通外交・安全保障・防衛政策　128

ドイツ関連年表　132
あとがき　151
参考文献　155

Ⅰ　ゲルマンからプロイセンへ

1　ドイツの歴史の初期の時代

(1) ゲルマン民族とドイツ

ゲルマン民族がライン川の右岸、東方に現れたのは紀元前三世紀頃であろう。ここでドイツの歴史学者ハラー（ヨハネス、一八六五〜一九四七年）の言うように、果たしてゲルマン民族とドイツ民族との明確なつながりは断定できない。しかし、民族大移動後、ゲルマン民族の一部であるフランク族が紀元七世紀に作ったフランク王国がその後ドイツに発展したことは間違いないであろう。そこでドイツの歴史を紐解く上でゲルマン民族から始めよう。

紀元前二世紀頃からローマ人が主としてライン河左岸に進出し、あちこちに城砦を築き（その例が、ケルン、クサンテンであり、モーゼル川上流ではトリアー）周りの地をローマ化していった。そして、ライン河右岸のゲルマン人と衝突していき、紀元九年トイトブルクの森（現在のノルト・ラインヴェストファーレン州とニーダーザクセン州の境）でゲルマン人に敗れたのである。それ以降ゲルマン人とローマ人はたびたび武力衝突を起こしつつも、まったく両民族間で接触がなかったわけではない。通商のため、あるいは文明との接触を求めてゲルマン人はローマ人と行き来したこともあろう。

（2）カール大帝の時代から中世へ

しかし、四世紀に入り、民族大移動が起こり、七世紀にゲルマン民族の一部であるフランク族が、クローヴィスの指導の下にフランク王国を作り、更に、八世紀末にカロリンガー王朝のカールが国王に就き、カールは、同じゲルマン人のザクセン族を征服し、西暦八〇〇年、ローマ皇帝よりフランク王国皇帝の称号を受けた。カール大帝はアーヘン（フランス名エクスラシャペル）を本拠とし、キリスト教の普及、文化の伝播《でんぱ》にも力を尽くした（カロリンガー・ルネッサンスとも言われる）。ただしフランク王国は、現在のドイツ、フランス、ベネルクスなどを含む広大な地を支配し、その配下には、ゲルマン人はもとより、ゴート族、ランゴバルト族、ローマ人なども含んだ。このフランク王国もカール大帝のとき最盛期を迎え、その後急速に力を失い、八四三年のヴェルダン条約により、三分割され、中部フランクを含む東フランクが現在のドイツの地を支配することになった。そして、西フランクは現在のフランスの元になった。その後、東フランク王国が九一一年に終わると、これを機にフランケン部族大公のコンラートが国王に選出された。このコンラードⅠ世をもって最初のドイツ国王とされる。その子ハインリッヒがザクセン王朝の基礎を固め、ザクセン王朝のオットー・ドイツ国王も、ドイツが悩まされていた東からのハンガリー人などの侵入を受けたが、遂に九五五年、オットーがアウグスブルク近郊のレッヒフェルトの戦いで決定的にハンガリーを撃退し、東からの侵略は止んだ。更にオットーは九六二年のイタリア遠征に当たり、ローマ教皇より、神聖ローマ皇帝の称号を賜り、ここに神聖ローマ帝国が誕生した。

神聖ローマ皇帝は、当時ドイツはもとよりフランスの一部（エルザス、ロートリンゲンを含む）、北イタリアをも支配する広大な領土、教会司教を任命する聖俗両面を支配する圧倒的な力を持ち、強い権威を持った権力だった。これが大きく変化した事件は、ザリエル（Salier）朝ハインリⅣ世と教皇グレゴリーⅦ世の間で起こった「カノッサの屈辱」事件であった（一〇七七年）。これ以降、教皇が司教任命権を握り、また、次のシュタウフェル（Schtaufer）朝の廃絶により、ドイツ皇帝による神聖ローマ帝国は北イタリア支配への意欲をなくし、神聖ローマ帝国皇帝がハプスブルク家に移ってゆく過程に於いて、その勢力範囲はオーストリア、ハンガリー、チェコスロバキアそして北イタリアに移り、ドイツの地域は神聖ローマ帝国とはいえ、名目だけのものになった。

(3) ホーエンツォレルン家の登場

シュタウフェル王朝（シュヴァーベンを中心に）の皇帝フリードリッヒ・バルバロッサ（一一二二年～一一九〇年）の信頼の厚かったホーエンツォレルン家の当主が婚姻により、ニュルンベルク近郊のお城の主になったのはこの頃のことである。

十三世紀になると、封建諸侯のイニシアチブの下に東方での植民活動が盛んになり、代表的なのは、ポーランド貴族の要請による、一二二八年に設立されたは、ヘルマン・フォン・ザルツァ（Herman von Salza）を団長とするドイツ騎士団であった。

2　プロイセンの歴史

シュヴァーベン（南西ドイツ）のホーエンツォレルンのお城が築かれたのはいつのことかわからない。このお城が文献に初めて登場したのは十一世紀後半といわれる。しかしその後このお城の主は、シュヴァーベンの北方ニュルンベルク地方と東方に活路を見出していった。そして、一族の中でフリードリッヒが一一九二年にニュルンベルク城伯（城伯と言っても一介の有力な豪族）となり（ちょうど日本の鎌倉幕府が開かれた頃である）、同名のフリードリッヒが一四一五年にブランデンブルク辺境伯に上り詰めた。一方ホーエンツォレルン家はその後プロイセンにも繋がりを築き、ブランデンブルク・アンスバッハ出のアルブレヒト（最後のドイツ騎士団長）が一五二五年にポーランド王を領主とするプロイセン侯爵となり、こうしてブランデンブルクとプロイセンの繋がりを深めた。そして一六一八年にはブランデンブルク辺境選定侯（皇帝を選出する権利を有する7選帝侯の一人）がプロイセン侯爵も兼ね、この同一人物がブランデンブルク・プロイセン侯爵となり（日本では江戸幕府が確立した頃に当たる）、遂に一六六〇年のオリバー条約以降プロイセン公国となった。このプロイセン公国は未だ王国ではなかったが、一七〇一年に神聖ローマ皇帝の承認の下にプロイセン王国となり、国王フリードリッヒI世は東プロイセンのケーニッヒベルク（現在のロシア領カリーニングラード）で戴冠したのである。ここに（ブランデンブルク）プロイセンの新たな歴史が始まった。

このプロイセン王国がフリードリッヒ大王（国王在位一七四〇年～一七八六年）の時代にオーストリアからシレジアを奪い、オーストリア、ロシアと共にポーランドを分割し、十九世紀にはウィーン会議（一八一四年～一五年）に見られるようにロシア、オーストリア、フランス、イギリスとともに欧州の大国に成長し、遂にはフランスとの戦争に勝利して、一八七一年にはドイツ帝国（ヴィルヘルムI世。このドイツ帝国の成立時期は、日本では、明治五年になる）となった。皇帝ヴィルヘルムII世の下にドイツ帝国は一九一四年～一九一八年の第一次世界大戦を迎えるのである。そして、皇帝が亡命して、ドイツは敗北したが帝国自体は存続した。その後、国民主権のワイマール憲法とヒトラーの独裁の時代を経験し、再びドイツは欧州大戦争の原因にもなり、決定的に敗北した。第二次世界大戦後、ドイツは分断され、欧州統合の中に活路を見出し、他方国家は再び統一した（統一ドイツはかってのドイツ帝国とは異なるが）。ドイツ帝国がいつ終わったのかドイツの学者の意見は一致しない（一九七三年もドイツ憲法裁判所の判決の中では、まだドイツ帝国は存在しているが）。常識的には、第二次世界大戦のドイツ敗北により米英仏ソの戦勝四大国に分割統治されることになった時（一九四五年六月）、と見るべきであろう。

Ⅱ　プロイセンの発展

1　ブランデンブルク・プロイセンからプロイセン公国へ

欧州近代国家の時代に入った三〇年戦争（一六一八年～一六四八年）の時ブランデンブルクは確固とした同盟国を持たず、国土の大半は戦場となり、焦土と化した。しかしこの間にあっても、ブランデンブルク・プロイセンは国土の開拓と国力、そのために、特に軍事力、行政組織、経済力の強化に励んだ。忘れてならないのは、一六八五年フランスでナントの勅令が国王ルイ一四世により廃せられ、プロテスタントのユグノーが追放されたが、プロイセンの「大選定公」フリードリッヒ・ヴィルヘルムはポツダム勅令を発し、これらユグノーを積極的に受け入れた。彼らは南フランスからベルリンに移ってくる途中でドイツ各地に技術を始めとする様々な産業の種をまき、その後のプロイセンの産業の発展に貢献したことである（ベルリンの当時の人口は一万二千人と言われ、そのうちの四千人がユグノーであった）。プロイセンの特色として官僚制、秩序重視、軍国主義などがあげられるが、こうした寛容性を忘れるべきではない。十九世紀後半のプロイセン文学者であるテオドル・フォンターネ（彼の小説「エフィ・ブリースト」は十九世紀のプロイセン官僚主義、偏狭な人間性を鋭く批判している）その末裔である。ベルリンでは現在でも数万人のフランス系ドイツ人が活躍している。

2　プロイセン王国

プロイセン王国（一七〇一年）が、欧州の大国として注目を浴びるようになったのは、フリードリッヒ大王が登場したときであろう（一七四〇年～一七八六年）。父親のフリードリッヒ・ヴィルヘルムは兵隊大王と呼ばれ、厳格な倹約家で息子フリードリッヒにも厳しかった。あまりの厳しさにフリードリッヒは友人と共に英国に逃げようとしたが捕らえられ、その上、捕らえられた友人の絞首刑を城の窓から見るように父王から命令され、フリードリッヒは気を失った、という。

大王はフランスの啓蒙学者ボルテールの友人として、ボルテールを自分の屋敷サン・スーシ（悩みがない、という意味）に招く啓蒙君主としての一面を持つ一方、四〇年に国王に就任して、継承問題に忙殺していたオーストリア帝国の女帝マリア・テレジアを相手に、シレジア地域を命がけで奪い、更に一七七二年にロシア、オーストリアとともにポーランドを分割した（第一次ポーランド分割。その後フリードリッヒ大王の後第二次、第三次ポーランド分割が行われ、ポーランドは欧州の地図から消えた）。やがてプロイセンはフランス革命後のナポレオン皇帝の下に、イエナとアウエルベルクでの戦いに敗れた（一八〇六年）。フランスは、確かにプロイセンに民主的な制度をもたらし、近代的な文化をもたらしたが、一方でプロイセンから見れば占領国であり、フランス憎しの感情が生まれた。フランスと比較して後進性を知らされたプロイセンの指導者たち（例えば、シュタイン、ハルデンベルクなどの政治家、軍人クラウゼヴィッツ、グナイセナウ、学者のフンボルト、哲学者フィヒテ、詩人ハインリッヒ・フォン・クライスト、エルンスト・モリッツ、法律家ザビニーなど）は政治、社会の改革に努力した（しかしこのような改革の動きは一八一五年のウィーン体制移行後は永続きしなかった）。

このような流れの中で、ロシアと関係修復したプロイセンはオーストリアとも連合し、一八一三年十月、ライプチヒ諸国民戦争での戦いでナポレオン軍を打ち負かし、ここにオーストリアの宰相メッテルニヒ主導のウィーン体制（一八一五年）が成立した。しかし、ウィーン会議に於いてもプロイセンは、オーストリア、ロシア、英国、復活したフランスの後塵を拝し、これらの欧州の大国とは比肩できなかった。それでも、その際に成立した三国の神聖同盟（ロシア皇帝、オーストリア皇帝、プロイセン国王）――キリスト教精神により大陸欧州の安定につくす、という――の一角として反革命のため協力した。この神聖同盟により欧州大陸を吹き荒れた一八三〇年、一八四八年の革命の波は乗り切られた（一八四八年～四九年のオーストリア国内のハンガリーの革命はロシアの支援で抑えられた）が、一八五三年～一八五六年のクリミア戦争は、オーストリアとロシアの反目を招き、神聖同盟の精神は失われた。クリミア戦争とは、ロシアが当時のトルコ内のキリスト教徒、エルサレムのキリスト教徒保護を名目にトルコ内のボスポラス海峡（黒海と地中海を結ぶ重要な海峡）の通過権を目指してセバストポールにあるロシア黒海艦隊が地中海などの外洋に出ようとしたもので、これに対し英国、フランスが反対し、戦争になったものである。オーストリアはバルカン半島への影響力が脅かされる、として中立といいつつも実質的にはロシアに反対していた。

Ⅲ　ビスマルク時代とドイツ帝国の誕生

1　オーストリアを駆逐

フランクフルトに置かれた国民議会（オーストリア主導の下のドイツ諸侯の代表会議）におけるプロイセン王国代表であったビスマルク（一八一五年～一八九八年）は、次第に国民議会を牛耳っていたオーストリアに対抗する気持ちを持つようになり、「ドイツの地は二つの国には狭い」と感じ、ロシア公使、フランス大使を経て一八六二年秋にプロイセンの宰相に就任した。一八六四年、シュレスビッヒ・ホルシュタイン（デンマークとの国境の公国）の領有をめぐりオーストリアとともにデンマークに勝利し、更に、六六年オーストリアにケーニヒグレーツ（プラハ郊外）の戦いで勝利し、ここにプロイセンは、オーストリアをドイツから切り離し、プロイセン主導の北部ドイツ同盟を成立させた（大ドイツ主義から小ドイツ主義へ）。その際、ウィーンまでオーストリアを追い詰めるべきだという国王、軍部の要求に強く反対し、結局オーストリアに対し緩い敗北条件を課すことになった。なお、オーストリアは六七年ハンガリーの自治要求と妥協し、オーストリア＝ハンガリー二重帝国（以下オーストリア）の成立に走った。

2　普仏戦争とドイツ帝国の成立

次に起こったことは、フランスとの戦争とドイツ帝国の成立である。フランスとの戦争の直接のきっかけは、有名なエムス電報事件である。ことの始まりは、スペイン国王継承問題で、ホーエンツォレルン家の一族ジグマリンゲン家（シュヴァーベン）の一員が国王候補に挙がったが、一族の長であるヴィルヘルムⅠ世は継承に反対した。ビスマルクもスペインに対するフランスの感情を配慮して反対した。ところが、一八七〇年七月初めバート・エムス（ドイツ西部の著名な温泉地）で休暇を過ごしていたヴィルヘルムⅠ世に散歩中に出会った在プロイセン・フランス大使は、この件をヴィルヘルムⅠ世に再確認しようとした。国王は「この件は副官に伝える。」と言ったようであるが、国王からの電報で知らせを受けたビスマルクは、新聞に、この電報を短縮して「国王は二度とフランス大使と会わない、言いたいことは副官に伝える、と言った」と公表した。フランスはこの報道に激怒し、プロイセンに宣戦を布告した。当時のフランスとプロイセンの緊迫した関係には次のような事情もあった。実は一八六六年のプロイセンとオーストリアとの戦争に於いてフランスのナポレオン三世は、プロイセンが劣勢である、との判断から、戦争になったら仲介し、その褒美にライン左岸を得ようとしていた。この算段が上手くゆかず、フランスの中には「サドワ＝ケーニヒグレーツのフランス名＝に関するプロイセンへの復讐」感情があったという。

普仏戦争はプロイセン王国の勝利に終わった。この結果、プロイセンはフランスから、アルザス・ロレーヌ（ドイツ名アルザス・ロートリンゲン）を割譲させ、更にベルサイユ宮殿「鏡の間」でドイツ帝国成立の宣言（一八七一年一月十八日）を行ったのである。

これについては、裏話がある。ヴィルヘルムⅠ世は最後の日まで、ドイツ帝国皇帝に就くことに抵抗した。プロイセン王国がドイツ帝国の陰にかすむことを恐れてのことである。皇帝の説得に手を焼いたビスマルクはバーデン公やバイエルン国王のルードヴィッヒⅡ世の協力を得て説得し（ルードヴィッヒに対してはワーグナーに入れ込む資金を提供して協力を得たようである）、しぶしぶヴィルヘルムI世はドイツ帝国皇帝に就任したということだ。

ところで、ビスマルクはアルザス・ロートリンゲンの獲得には必ずしも乗り気でなかった、とも言われる。戦争の最後の段階では、ビスマルクは必ずしも軍部から十分に相談を受けず、軍部はシュトラスブルク、メッツ（両方ともアルザス・ロートリンゲンの要衝）が南ドイツを防衛するために必要だと主張した由。現にビスマルクは、一八七一年八月、フランス臨時代理大使に対し「長続きする平和のためにとって、我々はアルザス・ロートリンゲンを取るという間違いを犯した」と語っており、事実、それ以降ビスマルクはフランスがドイツに復讐する連合を阻止せんとすることに一大精力を注ぐことになる。特に、フランスのロシアとの連合を阻止し、ドイツが二正面作戦を強いられることを阻止することであった。

3　「ベルリン会議」とロシアとの再保障条約

一八八四〜五年にかけて一時ビスマルクがアフリカ・アジアでの海外植民地を広げること

に熱意を示したような時期があったが、八八年、ビスマルクはアフリカの地図を片手の海外植民地経営者に対して、「自分の頭にある地図はあくまで欧州にある」と述べ、一時的な関心に過ぎず、その関心が長続きし、真剣なものであったとは考えられない。

このような視点から、「正直な仲介者」を買って出た「ベルリン会議」主催というビスマルクの意図をうかがうことができる。しかしながら、この試みは、ビスマルクの当初の意図にも拘らず、短期的には、ロシアのドイツ帝国、ビスマルク不信につながり、長期的には、ドイツ帝国、オーストリア対ロシアの対立につながり、結局それが第一次世界大戦への道につながってしまうことになった。

「ベルリン会議」について触れておこう。一八八七年、ロシアは、汎スラブ主義と、黒海艦隊（十八世紀後半よりロシアが保持し、クリミア半島のセバストポールが母港）が黒海からボスポラス海峡（トルコ領）を通過して地中海に出て、地中海海域はもとよりアラビア、インド洋にも影響力を拡大しようとして、トルコへの武力圧力（コンスタンティノープルに迫った）を強め、ロシアのボスポラス海峡通過を阻止せんとする英国との間で一触即発の戦争の瀬戸際の危機に達した（後退してゆくトルコの影響力が弱まるバルカン半島にオーストリアは影響力の強化を図っていた）。これが戦争に至らないように、ビスマルクは仲介のために、ロシア、英国、トルコ、オーストリアなどをベルリンでの会議に招聘した。ビスマルクの調停の結果、ロシアのボスポラス海峡通過権は認められず、バルカン半島のボスニア・ヘルツェゴビナの行政権はオーストリアに委ねられた。

ロシアはドイツ帝国に不満を訴え（ロシアにしてみれば、普墺、普仏戦争に際しては好意的な中立を保ち、これに対してプロイセン、ドイツは感謝すべし、との気持ちがあったのに）、これがロシア・フランス接近の遠因になった、と言えよう。それに対してビスマルクは七九年にはオーストリアとの同盟条約を結び、更に八一年には、ロシア・オーストリア・ドイツ皇帝の間で三帝同盟（これは六年間しか続かなかった）、八二年には、ドイツ・オーストリア・イタリアの同盟条約を結び、一八八六年にはロシアとの間で「再保障条約」を結ぶのである。こうしてみると、ビスマルクの安全保障体制は戦争を阻止せんとする彼の善意にも拘わらず、常識的には非常に解り難いものになっていった。

4　ビスマルクの評価

総じて、ビスマルクの外交はドイツ帝国が、「飽和」した状態にあり、これ以上拡大すべきでない、として、どちらかというと現状維持政策であった。したがって彼の欧州政策は、欧州の心臓部に位置するドイツ帝国の安全のために欧州の均衡を維持し、戦争を防ぐ、という外交であった。もう一つの側面は、彼は徹底して現実主義者であったこと、即ち実利を重んじ、好き嫌い、私的信条を抑えて、あくまでもドイツ帝国の利益を守る、という点が指摘される。その点については、ビスマルク後に表面に出てきたヴィルヘルムⅡ世のロマン主義的、どちらかというと無責任的な外交とは一線を画すものである。ビスマルクの現実主義者としての側面は、まず第一にオーストリアとの戦争（一八六六年）後の和平について見られる。既に述べたように、ビスマルクは戦後長期にわたるオーストリアとの協力を考慮して、一時の状況にとらわれずに緩やかな条件で和平を結ぶべきだと国王と軍部両者を（一時は、自殺を覚悟しても）強く説得したのであった。彼の現実主義者としての面目は、欧州の平和を保ち、ドイツ帝国が戦争に巻き込まれないよう終始ロシアとの決定的対立を回避してきたことに表れている。その最たるものが、ロシアとの再保障条約締結であろう。

とはいうものの、先に述べたようにビスマルクの再保障条約政策は、ロシアを相手に条約を締結して、ドイツを巡る東西二正面作戦を回避してドイツに対する戦争を回避せんとする政策では、まず、フランス、ロシアのどちらかにドイツの欺瞞性が明らかになる可能性を秘めた非常に危ういものであった、と言えるし、何よりも、今から言えることは、ビスマルクの外交は、ドイツ中心のヨーロッパ政策であり、第二次世界大戦後のドイツが追及してきたであろう、「ヨーロッパのドイツ」たらんとする政策とは相反するものであったといえよう。

Ⅳ　ヴィルヘルムⅡ世時代と第一次世界大戦への道

1　第一次世界大戦前の欧州情勢

ヴィルヘルムⅠ世亡き後、数ヵ月間その息子が即位したが病気で亡くなり、結局孫のヴィルヘルムⅡ世が帝位についた（一八八九年）。彼の時代は、第一次世界大戦終期の間近の一九一八年十一月まで続いた。

第一次世界大戦の直接のきっかけは、周知のように、一九一四年六月、ボスニア・ヘルツェゴビナの首都サラエヴォでオーストリア＝ハンガリー二重帝国の皇太子フランツ・フェルディナントがその妻とともにセルビアの一青年に暗殺された（六月二十八日）ことから始まった。オーストリアは七月セルビアに最後通牒を突きつけ、その回答に満足せず、七月二十八日セルビアに宣戦布告した。これに対し、セルビアの後ろ盾を任ずるロシアは大動員をかけた。

ドイツ帝国では、オーストリアを支持することまでは決まっていたが、その支持は武力を使ってでも、というわけでもなかったとも言われる。この問題を巡って、ドイツ帝国軍部は七月、宰相らに相談せずにオーストリア政府に対して軍事的支持までを伝えていたようである。ドイツの軍事的支持を確信したオーストリア政府はセルビアとの戦争に突入した。

なお、バルカン危機は一九〇八、九年にも起こっていた。ロシアはボスポラス海峡通過を含んだ演習を行わんとした。海峡通過には、同意したオーストリア（その条件として、オーストリアはボスニア・ヘルツェゴビナを併合する権利を得た）の他一八八七年のベルリン会議の合意に沿って英国とフランスの許可をロシアは必要としたが、この同意は得られなかった。ロシアが英・仏と交渉している間にオーストリアはボスニア・ヘルツェゴビナを併合してしまった。セルビアは怒り、セルビアの擁護を任じていたロシアは、オーストリア、ドイツに怒りを向けたが、ロシアは、一九〇五年の革命騒ぎと日露戦争の敗北から完全には立ち直っておらず、ドイツと直接対立するだけの力がなく、引き下がる他なかった。こうして欧州大陸の戦争は避けられたが、大陸・バルカンでの対立の雰囲気は確実に高まっていった。

ドイツ帝国の戦略は、一八九〇年代半ば参謀本部部長であったシュリーフェンの時代にほぼ固まっていた（シュリーフェン・プラン）。ビスマルク時代は、（好むと好まざるとに拘らず）ロシアとの友好に意を用い、西ヨーロッパでの二正面作戦を避けるというのが基本であった。しかし、このシュリーフェン・プランでは、ロシアでの大動員は時間がかかり、この間にドイツはフランスを敗戦に持ち込み、次に、ドイツの戦力を傾けてロシアはじめ東欧での戦争に賭ける、というものであった。一八九〇年代の初めには、ロシアとの「再保障条約」は延長されず、これがもとで、フランスとロシアの間には軍事同盟条約が結ばれ、ドイツ帝国は、もし戦争になれば、東にロシア、西にフランスという二正面作戦を強いられる状態となった。

そこでドイツ帝国にとって英国を敵に回さないことが重要になった。一八九〇年代前半は英国とドイツ帝国との間は極めて良好であった。しかしながら、ドイツ帝国が「艦隊政策――Flottenpolitik」を採用し、ドイツ帝国が欧州だけでなく、世界に冠たるドイツ、いわゆる「世界政策 Weltpolitik」を採用するようになって英国との関係は次第に微妙になった。ヴィルヘルムⅡ世時代、ドイツ帝国は、経済的にも繁栄を謳歌し、それを支えたのは最先端の技術であった。これに伴って、必要な海外市場、旺盛になった愛国感情も高まった。当初、ドイツのフロッテンポリティークの生みの親であるテルチック海軍次官は、ドイツ艦隊の建造はあくまでも英国を凌ぐものではなく、せいぜい戦いになれば英国に一矢報いる程度のものを考えた、といわれる。しかし、第一次モロッコ（一九〇五年）、第二次モロッコ危機（一九一一年）を契機に次第に英国とフランスは接近した。これとは別にドイツはヴィルヘルムⅡ世が一八九八年トルコを訪問し、ドイツ資本の下にコンスタンティノープル更に将来はバクダット、バスラまで鉄道を敷設する計画（三B――ベルリン、ビザンチン＝コンスタンティノープルの別名＝バクダット、政策）を明らかにし、ここにドイツと英国（周知のとおり、英国はケープタウン―カイロ―カルカッタを結ぶいわゆる三C政策を目論んでいた）の利害がぶつかる様相を呈して、英国のドイツ帝国への警戒心が募った。

しかし、遂に、ドイツ帝国がフランスを攻める途中にベルギーを攻め、ベルギーの中立を保障していた英国はドイツ帝国に宣戦するに至った。ドイツ帝国が宣戦布告する一九一四年八月一日ぎりぎりまで、ドイツと英国は和平の道を探った、といわれる。また、皇帝ヴィルヘルムⅡ世も、第一世界大戦前夜参謀長モルトケ（普仏戦争の時のモルトケ陸軍大臣の甥）に、何とか西欧会戦を回避してドイツの軍を東方に集中できないか、と問いただしたが、これに対してモルトケは西側での兵力が弱くなる、として反対した、といわれる。

2　第一次世界大戦

不思議なことに、八月一日、ドイツがロシアに宣戦布告して大戦が勃発するや英（八月四日に対ドイツに宣戦布告）仏（八月三日に対ドイツ宣戦布告）、ドイツ・オーストリア国民の大多数は、今こそ決着をつける時期として大戦の勃発を熱狂的雰囲気で歓迎したのである。そして戦争は短時間で終わる、と考えていた。また、オーストリアがセルビアに宣戦布告したとき、これが世界的な規模の戦争に発展すると考えた人は少なかった。しかし、ベルギー、フランスの抵抗は予想以上に強く、西部戦線は国境を越えたフランス地域で塹壕戦、一進一退となり、戦争は長期、消耗戦となった。数ヵ月で数メートル進むだけという状態で、毒ガス兵器も使われた、という。フランス軍は英国軍やオーストラリア、ニュージーランド軍の応援を得て頑強に抵抗した。片やドイツ軍は東方のロシア軍とも戦わざるを得ず、両面作戦を強いられ苦戦した。戦争には、オーストリアのほかロシア、トルコ、イタリア、ブルガリア、セルビア、日本などが参加し、戦線は世界的規模に広がった。アジアでは、一九〇二年以来英国と同盟関係にあった日本が日英同盟を口実に積極的に英・仏などの陣営に加わり（一九一四年八月二十三日）、ドイツ帝国が中国より租借していた膠州湾、青島、などの山東半島を占領したほか、英国と共に赤道以北のドイツ領南洋群島を占領し、更に英国の要請に応じ、日本海軍は巡洋艦一隻と駆逐艦十二隻を地中海に派遣した。また戦闘は、南部アフリカ、中東でも展開され、前者に於いては、ドイツの植民地（トーゴランド、カメルーン、ドイツ領南西アフリカ、ドイツ領東アフリカ）は英・仏の攻撃にさらされ、後者においては、後に問題をはらんだ英国、フランスの勢力圏の下に入れられた。特に中東でのパレスティナの地を巡っての英国のバルフォア卿の発言（ユダヤ人の民族的郷土建設の容認）やマクマホン書簡（アラブ人国家の独立容認）は後のアラブ人とユダヤ人の争いの元にもなった。

戦争について、三点だけは記述しておきたい。

一つは、戦争は、従来のように軍同士の戦いに留まらず、一般市民、経済、政治も巻き込んだ総力戦の様相を呈した。

第二は、米国の参戦である。米国は開戦以来三年近く中立を守ってきたが、ドイツが通常の海戦にかわって、潜水艦による攻撃を加えるようになり、英国商船に乗艦した米国人が多数犠牲の巻き添えになるに及んで一九一七年四月に参戦した。米国が欧州に本格的に自国兵を参戦させるのには時間を要したが、米国の参戦は一九一八年のウィルソン（大統領）十四か条の声明（一九一八年一月、秘密外交の禁止と民族自決権を骨子とする）とともに枢軸国側の敗戦を決定づけた。

第三は、一九一七年晩秋に勃発したロシア革命である。

ドイツ側は二正面作戦を回避することに全力を尽くさんとしたことは既に述べた。ドイツ側の策として、折から革命の進みつつあったロシアに革命の混乱を進め、あわよくば戦争から離脱させせようとしていた。この一環が、スイスに亡命していたレーニンをドイツ経由でロシアに帰国させることであった。レーニンが帰国し、ボリシェヴィキ革命（十月革命）に至って、ロシアが戦争を離脱し、一九一八年初めドイツ帝国との間でブレスト・リトウスク協定（一九一八年三月）を結び、ドイツとボリシェヴィキのロシアとの間で和平協定が成立した。こうしてドイツは二正面作戦から逃れ、戦争の精力を西側に集中できる体制が整った。一九一八年には、もしかしたらドイツは戦争に勝てるかもしれない、との希望をドイツ側に持たせた時期もあった。他方で、第一次世界大戦後、共産革命の勢いがドイツでも強まり、その後のドイツの動向に大きな影響を及ぼすことになった。

しかし一九一八年の初めには、ドイツの同盟国であったオーストリア、トルコ、ブルガリアは敗戦寸前の状態であった。

アメリカ軍が本格的に欧州戦線に参戦し、ドイツは一時の膠着状態下の停戦への期待にも拘わらず、後退を余儀なくされ、遂に一九一八年十一月初めキール軍港の水兵たちの反乱でドイツの革命騒ぎが始まった。反乱のきっかけは、既に敗北が決定的なのに、ドイツ海軍が、本拠地キールの水兵に英国海軍との最後の決戦を命じ、これにドイツ海軍の水兵たちが反乱したことにある。この革命騒ぎは、瞬く間にドイツ全土に広がった。こういう雰囲気の中で、十月末からベルギーのスパに置かれたドイツ軍本部に陣取ったヒンデンブルク（第一次世界大戦初期の英雄で、後のワイマール共和国の帝国大統領）、ルーデンドルフらの軍幹部と皇帝ヴィルヘルムⅡ世は、ドイツの敗北やむなし、と受け止め、一九一八年十一月十一日ドイツ軍は休戦協定に調印し、皇帝ヴィルヘルムはオランダに亡命した。

こうして第一次世界大戦の戦闘は幕を閉じた。

V 「ワイマール」共和国からナチの支配を経て第二次世界大戦へ

1 ヴェルサイユ体制

戦闘は終了したが、その後、ドイツと協商国（英国、フランス、米国など）との間でヴェルサイユ平和条約が、オーストリアとの間でサン・ジェルマン条約が、トルコとの間でセーヴル条約が、ハンガリーとの間でトリアノン条約が結ばれた。この諸条約下の体制をヴェルサイユ体制と呼んでおこう。

ヴェルサイユ条約は、ドイツの強い反対にも拘らず協商側、特にフランスの強い要望でドイツに要求され、一九一九年六月ドイツ国民議会は止むを得ずこれを承認した。ドイツはヴェルサイユ条約により、国土が大幅に縮小された（西プロイセン、ポーゼンはポーランド領となり、ドイツ本国と東プロイセンは切り離され、バルチック海に面したダンチィヒは自由都市となり、ドイツとは九〇キロメートル幅の回廊により結ばれるだけになった。更に上部シレジアは後にポーランド領となった。西部に於いては、アルザス・ロートリンゲンはフランスに返還され、ザールランドは十五年間フランス領となった。それにライン川左岸とラインランドは非武装地帯となった。更にアーヘン西部の一部、東プロイセンのメーメルランドを失った。北部では北部ホルシュタインはデンマーク領となり、海外の植民地は失われた)。

軍事的には、陸軍は兵力を十万人に削減され、海軍は一万トン以上の戦艦の保有を許されず、更に第一次世界大戦後のドイツを苦しめた莫大な戦時賠償が付きつけられた。総じてヴェルサイユ体制と呼ばれる新しいヨーロッパには、米国大統領ウイルソンの提唱した「民族自決権」に沿って東欧にチェコスロバキアなどの小国が誕生したし、国際的な紛争の調停などを目的として、国際連盟が誕生した。

ドイツに於いてはヴェルサイユ体制に対して当然、反感が強かった。当時の独仏の緊張関係を反映してヴェルサイユ体制はドイツに非常に厳しい。このような厳しい体制がドイツ人の反感を招き、ヴェルサイユ体制の修正を求めるヒトラーの体制を許した、との主張もある。そのような理解も可能であるが、他方最近では、第二次世界大戦後にドイツに課された条件に比して、ヴェルサイユ体制がドイツにとってそれほど過酷なものだったのか、疑問を呈する意見もある。第二次世界大戦後は、ドイツは分割占領され、その後二つの国に別れた。これに比し、第一次世界大戦後、ドイツの国土は切り離され、縮小されたとしても欧州の大国としてドイツ帝国は存在しており、戦時賠償にしても、長い目で見れば克服可能であったであろうし、軍事的な制約もいつかは克服可能であっただろう。ちなみに、オーストリー＝ハンガリー帝国は解体され、ハンガリー（一八六七年以前の）は七〇％の国土を失っている。

なお、ドイツは、第一次世界大戦後もヴェルサイユ講和会議にも、国際連盟にも招かれなかったソ連と外交関係を結び（ドイツ、ソ連は一九二二年、ラッパロ条約を締結して、双方は外交関係を結び、ソ連はドイツからの賠償を放棄した）、そして、以降もドイツ軍は、ヴェルサイユ条約で禁止されていた軍事協力をソ連軍と続けるのである。その後、ドイツとロシア・ソ連の間の協力には常に「ラッパロ」の疑いが囁かれるようになった。

2 「ワイマール共和国」

混乱のベルリンを避け、一九一九年一月に静かなワイマールに召集されたドイツの国民議会は新しい憲法を採択した。人呼んでワイマール憲法という。この新しい憲法の下のドイツを「ワイマール共和国」と呼んでいる。ワイマール憲法は、大統領制下の国民主権の非常に民主的なものであったが、この「ワイマール憲法」を取り巻く人々（民主的な憲法に反感を抱く王党派の人々はまだ多くいたし――それゆえ、当時のドイツで過去を克服することも難しかった、と言われる――、ソヴィエト革命に勢いを得た左派の人々はワイマール共和国に協力的ではなかった）と、時（戦争直後の五年余り――特に二三年――はドイツを悪質な超インフレが襲い、一九二九年秋以降は世界的な恐慌に見舞われた）はこの憲法に味方せず、また、民主的な憲法の規定にも拘らず、宰相を任命し、帝国議会を解散でき、更に人権を制限する緊急指令を出す強い大統領権限、更に、比例代表制の民主主義的な総選挙で選ばれたすべての政党が議会に進出する――したがって安定した政府は続かず――ちなみに一九一九〜一九三〇年まで十五の政府が成立している。一内閣の平均寿命は九ヵ月、小党分立状態を醸し出した、そして州の権限が弱く中央の権限が強い。この体制は結局、三三年一月末以降のヒトラー独裁への合法的な道を開いた。

そこで、ワイマール体制の辿った道、その中での国際協調体制の時期、世界経済の危機（世界恐慌）からヒトラーの権力奪取の過程などについて述べてみよう。

（1）ワイマール体制の辿った道

第一次世界大戦終戦後ワイマール体制が出発する前後、ドイツは革命・反革命の波に襲われた。その過程で、スパルタクス（極左）のローザ・ルクセンブルク、リープクネヒトなどは殺害された。ブレーメン、ミュンヘンでは左派のレーテ（評議会）共和国が成立した時期もあった。また、これに加えて、第一次大戦後のインフレ（超インフレを含む）の中で、「ワイマール共和国」は不幸な状況の中で出発した。

一九一九年二月にフリードリッヒ・エーベルトを大統領に選出した後、「共和国」が直面したのは、六月にヴェルサイユ条約で承認した、天文学的に高額な戦時賠償の問題であった。折から戦後のインフレに直面し、フランスは、ドイツがインフレを口実に戦時賠償を実質的に差し引くのではないか、と疑い、ベルギーと共に一九二三年には、ルール地方を占領し、石炭の生産を確保し、賠償を確保しようとした。これに対してドイツは「消極的抵抗」としてルール地方の鉄道、労働者のストライキにより対応した。この間ドイツのインフレは天文学的規模に進み、市民はお札を手押し車で運ぶ始末であった。こうした中でグスタフ・シュトレーゼマン首相は九月にこの消極的抵抗を終了し、新たな政治・経済的な方向転換を主導した。翌年には、フランスなどはルール地方から撤退し、国際社会は、ドイツが支払うべき賠償額を減額することに合意し（ドーズ・プラン）、ドイツのインフレは収まり、米国の融資もドイツはじめ欧州に流れるようになり、ドイツの経済も安定した。

（2）国際協調時代――ロカルノ体制とパリ不戦条約の体制――

ドイツの消極的抵抗の終了、協商国のルール地方からの撤退、ドーズ・プランの提示に引き続き、国際的協調の雰囲気は、二五年（今度は）ドイツの外務大臣（となった）グスタフ・シュトレーゼマンとフランスのブリアン外相との間（その他、イタリア、ベルギー、イギリス、ポーランド、チェコスロバキアが調印）でロカルノ条約が締結された。この条約により、ドイツの西部国境が画定され、ラインラントの非武装化が保障された。また、ドイツのポーランドと加盟（実際の加盟は二六年）も認められた（ただし、シュトレーゼマンはドイツのポーランドとチェコスロバキアとの国境画定は拒否した)。更に、国際紛争の平和的解決も謳われた。そして、一九二八年、パリでフランス外相ブリアンと米国国務長官ケロッグのイニシアチブで不戦条約が結ばれ、締約国(一九三九年までに六十三カ国が加盟)は武力紛争に訴えないこと、紛争の平和解決を約した(ただし、条約は戦争を国家の最終的権利として認めている)。更に一九二九年にはヤング案が合意され、ドイツの賠償が修正された(なおほぼこの時期日本は幣原外相の下で、ワシントン軍縮条約、中国に関する九カ国条約が調印され、更に不戦条約にも参加した)。

(3)「黄金の二〇年代」

文化の分野で、一九二〇年代の相対的安定期に於いては、皇帝の権威からの解放もあって、「黄金の二〇年代」を現出したことも忘れてはならない。絵画に於いては、表現主義、音楽に於いては、シェーンベルク、アルバン・ベルク、文学に於いては、カール・ツックマイアー、ゲルハルト・ハウプトマン、ライナー・マリア・リルケ、ヘルマン・ヘッセ、エーリッヒ・ケストナー、トーマスとハインリッヒ・マンが現れ、演出家としてはマックス・ラインハルト、作家のベルト・ブレヒトなどが活躍した。世界の大都市ベルリンはデカダンの雰囲気も盛んになり、キャバレが大いに盛んになった。

（4）世界経済危機の勃発

一九二九年十月、ニューヨークに勃発した株式の暴落に始まった経済危機は瞬く間に世界に広まった。米国からの欧州はじめ世界への投資は急激に減り、各国の不況は深まった。当時のドイツ・ブリューニング内閣は、デフレ政策をとり、国家の支出を引き締めた。このためドイツはもとより各国の失業率は増大し、自国経済・貿易を守るために為替の切り下げ、関税の切り上げなどの保護貿易に走った。こうした急激な環境の変化の中で、国際的な協調の雰囲気は一気に失われた。

ドイツでは一九三〇年には失業者は二百万人に、更に一九三二、三三年には六百万人に達した。

（5）ナチス（NSDAP）の台頭

ナチス（National Socialistische Deutsche Arbeiter Partei ――ドイツ国家社会主義労働者党以下ＮＳＤＡＰ）の躍進ぶりを見てみよう。

アドルフ・ヒトラーは一八八九年にドイツとオーストリアを隔てるイン川畔オーストリア

の町ブラウナーで生まれた。ちなみに、ヒトラーは、「この国境に生を受けたのは両国を統一するため運命づけられた」などと言った、という。一九一三年まではリンツ、ウィーンなどに住んでいた（なお彼の強い反ユダヤ主義、ドイツナショナリズム、反マルキシズムは当時のウィーン市長ルーガーとリンツ出身のシェネラーの影響を受けた、といわれる）。ドイツ・ミュンヘンに住み着き、同地では、一九一九年に名称をＮＳＤＡＰに変えたＤＡＰ（Deutsche Arbeiter Partei）の中で演説の才に抜きんでたヒトラーは一九二〇年にその党首となった。しかし当初党勢は振るわず、一九一九年の党員数は二百名に過ぎなかった。ハーケンクロイツ（鉤十字）を党のシンボルにした一九二〇年には党員は二千人に増え、一九二三年には党員は二十万人を超えた。しかし、ヒトラーたちは一九二三年十一月「ミュンヘンから一揆をベルリンへ」と称してミュンヘンのビヤホールで企て、ヒトラーは通りを二つ出たところで逮捕された（ヒトラーは獄中、政権獲得を一揆ではなく、合法的にするという方針に転換）。その後、ドイツや欧州は相対的安定期に入ったものの、一九二九年の世界恐慌はドイツ社会を再び不安定に陥れた。一九三〇年に行われた総選挙で最も大きく票を伸ばしたのは、ＮＳＤＡＰであった（一九二八年の得票率七％から一八％に）。そして一九三〇年以来ＮＳＤＡＰは地方に於いても第一党の地位を築いた。もっとも、経済危機の影響を被って失業者が多かったのはKPD（ドイツ共産党）の支持者であったという。そう考えると、NSDAPの支持者は経済危機により先行き、特にプロレタリアートに職を脅かされるのではないかと不安感を持った中間層であった、との分析がある。また、NSDAPの際立った点は、同党がゲッペルスに指導されたプロパガンダ（宣伝）の巧みさと、特に青少年、学生層等ダイナミックな層に「運動」として支持を増やすことに成功したことであろう。

こうした社会不安の中で、ブリューニング帝国宰相は、もっぱら大統領令によって（すなわち、国会を迂回して）行政を行おうとした。こうして、ワイマール憲法下の共和政治は政府自らの手で切り崩されていった。彼の後任のパーペン帝国宰相（自身は、プロイセンの男爵）は更に輪をかけて国会を回避し、もっぱらヒンデンブルク大統領（なお、彼は一九二五年にエーベルト亡き後七十八歳で帝国大統領に就任。第一次世界大戦勃発直後のタンネンブルク＝東プロイセン＝の戦いで勝利し、一躍英雄に祭り上げられた人。王党派に属し、彼は「皇帝の代理人」、とも揶揄された）の個人的権威を利用し、これまでプロイセン（帝国の最大の州——Bundesland）首相（Ministepraesident）を続けてきたオットー・ブラウンを退陣させ、実質的に連邦制の芽を閉ざした（パーペンの「プロイセンへの一撃」）。ドイツ人の一学者は、これをもってプロイセンは実質的に死滅した、と述べている）。三二年の末に新たに帝国宰相に任命された帝国軍人シュライヒャーの陰で三三年一月、パーペンは三二年七月の総選挙で第一党に躍進していたＮＳＤＡＰ党首ヒトラー（なおヒトラーは三二年に行われた大統領選挙でヒンデンブルクに惜敗）と合意し、パーペンの推挙に基き、ヒンデンブルク大統領は遂に一九三三年一月三十日ヒトラー宰相、パーペン副宰相を任命した。「第三帝国」の誕生である。こうしてヒトラーを合法的に権力に就いた（なお、パーペン達保守派の連中にしてみれば、ヒトラーに、国家に責任ある地位に就け、彼を懐柔しようとした由）。

3 ヒトラーの独裁と第二次世界大戦への道

(1) ヒトラー独裁体制の確立

ヒトラーが独裁体制を固めるのは早かった。ヒトラーを帝国宰相に任命した五日後の二月四日帝国大統領ヒンデンブルクは、「ドイツ国民の保護」と称して、プレスの自由制限と集会の禁止を旨とする緊急事態法を発した。これは、以前からＮＳＤＡＰによって準備されてきたものである。更に、ＮＳＤＡＰの支配を大きく拡大した事件は、一九三三年二月二十七日の帝国議会の焼き討ち事件であった。犯人は精神異常のオランダ人共産主義者だったともされるが、これを機に翌朝ヒンデンブルク大統領は、無期限の緊急事態令を発し、国民の個人的自由を制限した。共産党は禁止され、盛んに行われ始めたNSDAPのSA（Schutzabteilung ——党の暴力機関）のテロと設立された強制収容所（Konzentlationslager）への収容、国外逃亡により共産党とSPDへの弾圧が行われ、三月五日に行われた帝国議会選挙はもはや民主的選挙とは言えなかった。にも拘らず、多くの選挙民（七百万人）は、ヒトラー・パーペンの連立政権に賛成票を投じた。三月二十三日の帝国議会では、政府が国会の了承を得ることなく法律を実施する権限を与えてしまった。この権限は四年間の制限つきであったが、実際は一九四五年の終戦まで変わらなかった。そして、六月にはSPD（ドイツ社会民主党）は禁止され、更に七月には新たな政党の設立は禁止され、NSDAPは唯一の合法的組織となった。この年の十一月にNSDAPの統一リストで行われた帝国議会選挙後、議会はまれにしか開かれず、開かれたとしても政府の決定を翼賛するという形式的な機能を果たすのみであった。

ヒトラー独裁の確立に際して、ナチ用語にいう「Gleichschaltung ——統一的規制——」に言及しておいた方がよいだろう。ヒトラーが政権を獲得して間もなく一九三三年四月、地方分権の息の根を止める法律が成立した。地方の行政はNSDAPの息のかかったReichsstatthalter（長官）、Gauleiter（大管区長官）の手にかかり、そのほか、経済、労働組合、官吏，スポーツ組織等の組織はそれぞれ一律の帝国全体の組織に改編され、NSDAP、総統の一律支配の下になった。曲がりなりにも形式として保たれてきた多様性がなくなってしまったのである。この最たるものが、宣伝相ゲッペルスの下に実施された新聞・放送の画一化、検閲である。こうして、ジャーナリズムもNSDAP、総統の支配下に下った。更に一九三四年七月の末に、「転覆を企てた」（「レーン・プッチュ」）、という口実の下ヒトラーの命を受けたNSDAPは、SAを壊滅させた（ヒトラーとしては軍備増強、戦争になった際の帝国軍の協力が必要で、軍に匹敵するほど強力になったSAを排除する必要に迫られたのである。その後、秘密警察の権限を持つSS―NSDAPの中の治安と安全を担当する部隊――Schutsstaffel――が力を持ってゆく）。その直後の八月二日帝国大統領ヒンデンブルクが亡くなった後、ヒトラーは憲法上の権利を使って、帝国宰相が帝国大統領を兼務する決定を下し、ここにヒトラーは軍の最高権限を握り、ドイツ帝国は「Fuehrerstaat――総統国家」となった。

なお、ヒトラーの下にNSDAPが、国民のある程度の支持のもとに権力を固めてゆくのには、ドイツの直面した失業問題に取り組み、ある程度これに成功したことがあげられる、といわれる。当初六百万人だったドイツの失業者は、一九三三年末には四百万人となり、やがて一九三八年の初めにはほぼ百万人に減っていった（筆者が仄聞した限りでは、当時若き日本の外交官でベルリンに勤務した一人は、この点を指摘してヒトラーのすごさを感じた、という）。なお、この点は議論のあるところで、一九三五年には世界経済がある程度回復しており、ヒトラーが政権に就く前にはNSDAPは何らの経済政策をも打ち出していなかった、との指摘もある。いずれにしても、NSDAPは政権に就くなり、失業問題への対応の重要性に気づき、一九三三年七月に至り、大規模な公共投資、特に軍需産業と高速道路建設投資に邁進した。しかし、公共投資の増大は専ら軍需産業に向けられ、ナチス時代には、個人消費も輸出も増えなかった、とも言われる。

(2) 反ユダヤ主義

ヒトラーの反ユダヤ思想が強かったのは、前にも指摘した通りであるが、第三帝国時代のユダヤ人迫害は異常である（第三帝国時代の迫害はユダヤ人以外にも少数者、違う考えを持つ者、例えば、ロマ、シンティ＝ジプシー＝、病気の血統を持つ者に対するもの、あるいは、ホモ、もあった）。

NSDAPが政権に就く前の同国の反ユダヤ主義は、国籍をドイツ人へ変更すること、あるいはユダヤ教からキリスト教への改宗を迫るか、国外への脱出を迫るか、一定の差別を強いるものであったが、ＮＳＤＡＰが権力を獲得してからはユダヤ人への迫害、憎しみには国家的ドクトリンという要素が加わり、質的に変化していった。まず、一九三三年四月、ユダヤ人商人、医師、弁護士へのボイコットが現れ、同月には、例外付きながら法律で、ユダヤ人は公務員になることが禁止され、更に、学校、大学等教育機関でのユダヤ人の人数制限が布かれた（完全な禁止は一九三八年）。一九三五年の「ニュルンベルク法」が導入されると、ユダヤ人には一般ドイツ人に比して低い権利しか認められず、「アーリア人」以外には政治的権利が認められなくなった。同年の「ドイツの血とドイツ人の結婚を守る法律」では、ユダヤ人にはユダヤ人以外の間の結婚と性的関係を持つことが禁止された。更に三八年十一月九〜十日にかけての「水晶の夜」（そんな美しい言葉でなく、実体はユダヤ人に対する迫害＝ポグロム＝であった）には、ユダヤ教会は攻撃され、ユダヤ人の商店は、焼打ちにあったり、略奪の対象になり、粗暴な暴力が振るわれた。

大戦に突入してからもドイツ帝国のユダヤ人迫害は止まず、一九四二年一月ＮＳＡＤＰ幹部はゲーリング、ヒムラー、ハイドリッヒ主導の下に「ユダヤ人問題の最終解決」と称してベルリン郊外の湖畔で「バンゼー会議」を催し、ドイツ占領下のヨーロッパのユダヤ人の効果的虐殺を協議した。第二次世界大戦中のドイツ帝国及びその支配下のヨーロッパ諸国でもユダヤ人に対する迫害は止まず、多くのユダヤ人は強制収容所に送られ、大戦全体で約六百万人のユダヤ人の生命が失なわれた。

（3）第二次世界大戦への道

ヒトラー及びNSDAPは政権を取る前からヴェルサイユ体制への反感を隠さず、「ヴェルサイユ体制の修正」を標榜していた。それへの第一歩が一九三三年秋の世界軍縮会議及び国際連盟からの脱退であった。一九三五年初めには、ザール地方の住民投票でザール地方はドイツに戻ってきたが、そのすぐ後には、徴兵制が再導入された。ヴェルサイユ体制にとどめを刺したのは、三六年ドイツがロカルノ条約から脱退し、イタリアのエチオピア出兵に揺れる国際騒動をしり目に、ヴェルサイユ条約で取り決められた非武装のラインラントにドイツが進駐したことであった。ヒトラーは、ラインラントにドイツ軍が進駐することにフランスが文句を言ってこない、と読んでいた、という。その裏でヒトラーはバチカンとのあいだで、友好条約を結んだり（一九三三年七月、ちなみにこの条約は、ヒトラーの平和的姿勢をアピールした）、ポーランドとの間に不可侵条約を結び（三四年）、イギリスとの間で海軍条約を結んだ（三五年、ドイツの海軍力は英国の三分の一となった）。このようにヒトラーはソ連との戦争に備えて二正面作戦を避けるべく英国との友好を演出する始末であった。ヒトラーは平和を希望するとの演説の陰で、「我が闘争」の中で述べたこと、すなわち、東ヨーロッパにおける生存圏（Lebensraum）、共産主義国ソ連に対する、そして、根っからの敵フランスに対する戦争の準備を着々と行っていった。

一九三七年十一月、ヒトラーは、陸軍大臣や外務大臣等の秘密の会合で、チェコスロバキアを破滅させる意図を表明した。さすがにその時はその場に居合わせた閣僚たちは色よい返事をしなかったようである。翌三八年の初め、ヒトラーは外務大臣をノイラートからリッベントロープに交替させ、その下に、ヒトラーの計画は進められることになる。

①オーストリアの併合

一九三八年二月十二日、ヒトラーはミュンヘン南東、オーストリアに近いベルヒテスガーデン郊外のオーバーザルツベルク山荘に（一九三三年ヒトラーは権力を奪取して以来数ヵ月で帝国議会を無視して、事実上もっぱらこの山荘で「総統命令」を発して執務を行っていた）オーストリア宰相のシュシュニックを呼び出し、オーストリアのナチ党員インクヴァルトをオーストリアの大臣に任命すべきことを最後通牒として要求した。オーストリアは、第一次世界大戦後、サン・ジェルマン条約によってドイツ帝国との合体を禁止されていたが、オーストリア単独での生存については自信がなく、ドイツとの何らかの結びつきを希望しており、現に三〇年代の初めには、ドイツ帝国との関税同盟を結ぶ動きがあったが、これは三一年国際裁判の判決で日の目は見なかった。しかしながら一九三六年にはオーストリア自身ドイツ人国家であること、その外交政策もドイツ帝国と協調してゆくことを認めていた。それでもシュシュニックは国家の独立のため、ヒトラーの要求に対抗するために、三月十二日に国民投票を行おうとしたが、これを果たせず、ヒトラーの最後通牒に従い、インクヴァルトがオーストリアの宰相になると、三月十二日ドイツ軍にオーストリア侵攻の命が下され、翌十三日、オーストリアのリンツに於いてヒトラーはオーストリア併合を発表した。ドイツ軍は破竹の勢いで進軍し、沿道では民衆の歓呼に迎えられ、首都ウィーンに入った。十五日にはヒトラーはウィーンのホーフブルク（王宮）のバルコニーで演説し、群衆は大なる歓呼でこれに応えた。オーストリアとドイツ帝国はこうしてヒトラーによって一体化された。オーストリア併合は、ドイツ人の間に、ヒトラーを「神の使者」とさえ呼ぶ者がおり、ヒトラー人気は絶好調であった。

なお、ヒトラーが密かに最も危惧したのは、イタリアのムッソリーニがドイツによるオーストリアの併合に反対するのではないか、という事であった。イタリアは古くはローマ時代ドナウ地域に植民地を有し、長期にわたってこの地域に関心を持ってきた。オーストリアもハプスブルク帝国時代イタリア、特に北イタリアに多大な関心を払ってきた（例えばハンガリー革命のとき――一八四八年――のオーストリア軍ラデッキー将軍の北イタリアでの勝利）。実際ムッソリーニは一九三六年、オーストリアのナチス党が権力を奪取しようとしたときには強く反対している。しかし、ムッソリーニはドイツとの友好を優先し、ヒトラーの心配は危惧に終わった。実際に一九三六年は、ドイツとイタリアが結びつきを強めてゆく事件が多く招来している。イタリアのエチオピア侵略をドイツが経済面で支援しており、この事件の陰でドイツ軍はラインラントに進駐している。また、ドイツとイタリアはスペインのフランコを支持している。この年に日本はドイツと反共同盟を結び、翌年イタリアがそれに参加した。

② ミュンヘン協定とチェコスロバキアの解体

オーストリア併合の後ヒトラーはチェコスロバキアの解体に取り掛かった。その機会を提供したのは、「民族自決権」の下、チェコスロバキア内のドイツ人が多く住むドイツ国境に近いズデーテン地方のドイツへの割譲であった。当時の首相チェンバレンの下に英国は、戦争に反対する世論が強く、海外植民地を多く抱え、欧州の平和がその植民地維持政策上も重要とみなし、チェンバレンは、ヒトラーの希望にある程度こたえれば、ヒトラーの野望を数年間抑えられる、と考えていた。チェンバレン首相のドイツ・ヒトラーの政策に対するこのような政策を「融和政策――Appeasementpolicy」と呼んでいる。このような「融和政策」はまた、(三七年四月ドイツが爆撃して、ピカソの絵でも有名になったゲルニカに象徴される)スペイン内戦(一九三六年～一九三九年)に於いて英国人の若者が次第に多く人民戦線に味方してスペインに渡る傾向が強くなるにつけ、批判を受けるようになった。またチェンバレンには共産主義ソビエトへの強い反感があり、ソ連を第一の敵と標榜するヒトラーに強い態度を取らなかった、との見方もある(しかし、融和政策も、三九年春のチェコスロバキアが解体されるに及んで、強い批判に晒され、終焉し、第二次世界大戦に入って、四〇年五月、チェンバレンは後任にチャーチルを推さざるを得なかった)。三八年ヒトラーはドイツ・ニュルンベルクでのナチス党大会で、チェコスロバキアに武力攻撃をしてでもズデーテン地方のドイツへの併合をと威嚇すると、チェンバレンはオーバーザルツベルクの山荘にヒトラーを訪ね(九月十五日)、ズデーテン地方のドイツへの併合を検討することを約した。チェンバレンから通報

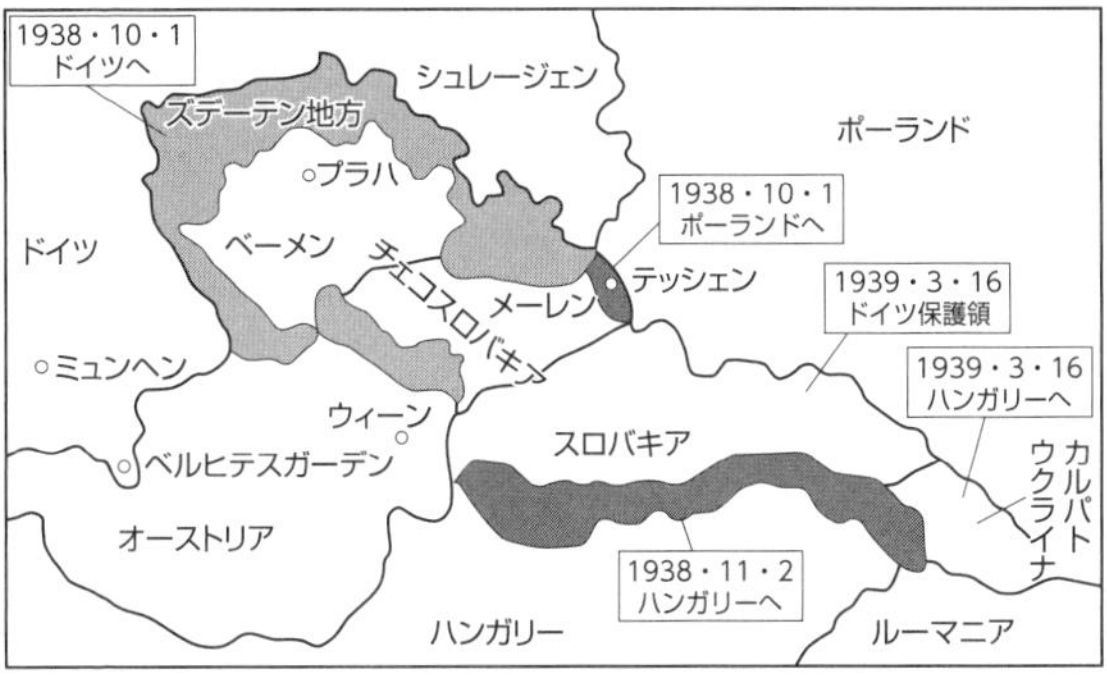

ミュンヘン協定によるズデーテン地方などの併合

を受けたフランスの急進社会党ダラディエ首相はチェンバレンのこの方針を支持し、この方針をもって英・仏両国はチェコスロバキア政府に圧力を掛けたので後者はこれに同意せざるを得なかった。更にチェンバレンはドイツ・ライン河畔の（ボン郊外）ゴーデスベルクでヒトラーと会談した（九月二十二日）。しかしヒトラーはズデーテンへの武力進攻に固執した。ヒトラーは二十六日ベルリンでズデーテン地方要求がヨーロッパにおける自分の最後の領土要求であることを約束した。二十八日、ドイツの最後通牒の期限が切れる直前イタリア宰相ムッソリーニが仲介し、ここに二十九日ミュンヘン会談がヒトラー、チェンバレン、ダラディエ、ムッソリーニの間で実現し、ズデーテン地方のドイツへの割譲が合意された。この会談にはチェコスロバキア政府は参加していない。チェンバレンは、帰国後ロンドンの空港で「ヨーロッパの平和は救われた」と声明し、民衆は喝采した！　ミュンヘン会談ついて、ヒトラーは意外なことに、これを敗北と見たようである。ドイツは、以降重要な外交政策について英国と協議することになったからである。ヒトラーにすれば、あくまで自由裁量の余地を望んだのである。

この後、ズデーテン・ドイツがドイツ領になった後、ヒトラー・ドイツは翌三九年スロバキアを従属国とするとともに、三月十五日チェコ大統領エミール・ヘチャをベルリンに招待している。その日にチェコに軍事進出し、チェコを解体し、ボヘミアとモラビアはドイツの保護国となった。

なお、スロバキアを実質的に従属国にした後、三九年秋の第一次ウィーン裁定でスロバキアが第一次世界大戦後自国領にしたカルパト・ウクライナを、また四〇年の第二次ウィーン裁定でトランシルバニアをルーマニア（第一次世界大戦後のトリアノン条約でハンガリーからルーマニアに割譲された）からハンガリー領にしたが、これにはドイツの強力な支持があった。なお、ハンガリーは次第にナチス・ドイツに近い政策をとってゆき、第二次世界大戦末期の四四年三月遂にドイツに占領された。

③独ソ不可侵条約の締結

こうした中で世界を驚かせたのは、一九三九年八月二十三日モスクワに於いてドイツ帝国外務大臣リッベントロープとソ連外務大臣モロトフが、独ソ不可侵条約を締結したことである。この条約で、双方は十年間にわたって両国はすべての攻撃的行為を慎むこと、締約国の一方がある国と戦争状態になった時、条約の他の締約国は第三国に如何なる援助もしないこと、条約当事国はいかなる同盟関係にも加わらないこと等を約した。この条約には、付属議定書があり、この議定書は秘密にされた。その中で、ポーランドに関し、東部はソ連、西部はドイツの勢力圏である、と双方が認めた。そして、ポーランドのソ連との境を、実際の国境より西にずらして、一九一八年当時英国外務大臣カーゾンが想定した線（いわゆるカーゾン線）までソ連の勢力圏とし、それより西のポーランドをドイツの勢力圏とした。この独ソ不可侵条約締結とほぼ同時に、英国はソ連との条約を結ばんとして、交渉団をモスクワに送ったが、ドイツがより具体的に、素早く条約締結に漕ぎ着けた。こうした準備の後、一九三九年九月一日、ドイツ軍はポーランドに侵入した。これに対し、一九三九年三月ポーランドに保証を約した英国は、フランスと共に三日、ドイツに宣戦布告を行った。第二次世界大戦の始まりである。

Ⅵ　第二次世界大戦

1　第二次世界大戦の推移

戦争の推移については、ドイツの行動を中心に簡単に記述する。

(1) ヨーロッパ・アフリカ戦線

一九三九年九月一日、ドイツ軍はポーランドに侵入するや一ヵ月足らずでポーランドを征服。片や、ソ連赤軍は九月十七日に東部ポーランドに攻め入り、八月二十三日のヒトラー・スターリン議定書の通り、独ソはポーランドを分け合った。その後、ドイツはデンマーク、ノールウェーを攻め、四〇年に入って、ドイツ軍は中立を犯してベルギー、ルクセンブルク、オランダを占領し、五月、フランスを攻め、六月二十二日、パリを占領した。その際、フランスのペタン政府は休戦協定でアルザス・ロートリンゲンを実質的にドイツに譲った。そして、フランス政府はビシーに首都を移して、ドイツ政府と協力した。一方、自由フランスのド・ゴール将軍を軸とするフランス人たちはドイツに対する抵抗運動を続けた。そして、英・米・仏の連合国が北アフリカを奪還し（一九四二年十一月）、更に一九四四年六月、連合軍がノルマンディー上陸（六月六日）に成功して、それまでド・ゴール将軍を首班としてロンドンやアルジェに臨時政府を樹立していた自由フランス軍は連合軍がパリに凱旋すると同時に八月二十五日パリに凱旋した。

話は遡るが、フランスを屈服させたヒトラーは、一九四〇年七月、空、海から英国を襲い、できることなら英国への上陸を企てた（「Battle of England――英国争奪戦」）。英国の抵抗は強く、遂に九月後半、ドイツは英国を屈服させることなく、作戦「海かもめ」は終わった。その後もドイツの英国空襲は続くが、英国空軍の（小規模ながら軍事目的以外にも）ドイツの市街地空襲も始まった。ヒトラーの英国に対する態度は、極めてアンビバレント（明確でない）で、最初は英国との同盟（例えば、英独海軍協定を結んだ当時の駐英国ドイツ大使リッベントロープに対しヒトラーは、英国との同盟を持ってきてほしい、などと望んだという）、せめて中立を希望していた。英国との戦闘は、英国の中立化を意図したかもしれない。ヒトラーの英国への態度は、第一次世界大戦直前のヴィルヘルム・ドイツ帝国皇帝のとった態度と近似して興味深い。いずれにしても、ドイツが如何に必死に東西二正面作戦を回避しようとしたかを示している。

ドイツとの約束にも拘わらず、イタリアは三九年中戦争に入らなかった。同国がドイツ側について戦争に参加したのは、「戦争の分け前」を巡って、ドイツがフランスを攻めた時である。そして、イタリアにとっては、地中海地域の覇権を得ることが重要で、まず、ギリシャを攻めた。しかし、ギリシャの抵抗は執拗で、結局ドイツはギリシャでイタリアを支援する必要に迫まれ、ドイツはクレタ島を除きギリシャを占領した（一九四一年四月）。他方ギリシャは英国にとって緊要で（この点、チャーチルは一九四五年二月のヤルタ会談でも、スターリンに対して戦後のギリシャを巡っては九〇％が西側で、一〇％はソ連の勢力下ではどうか？　と打診している）、ギリシャを巡ってもドイツは英国と戦うことになった。ギリシャを攻めるにあたって、ドイツ、枢軸国側にとってギリシャの隣国ユーゴスラビア（同年三月、ユーゴスラビアは政変後ソ連と友好条約を結んでいたので、ドイツはユーゴスラビアに空爆し、ブルガリア、ハンガリーと共にユーゴスラビアを占領した。一九四一年四月）。以降ユーゴスラビアは民族グループに分かれる等、パルチザン抵抗がナチス・ドイツなどにたいして続けられた。その中で、チトーを中心とする共産主義者グループが頭角を現していった。

いよいよ一九四一年六月二十二日、ドイツは、電撃的に宿敵ソ連を攻撃した。ソ連は、ドイツの攻撃に驚かされ、守勢に回った（スターリンは、ドイツがソ連攻撃に踏み切る、との周囲の警告に耳を貸さなかったと言われる）。当初の数ヵ月、ドイツ軍は破竹の勢いでソ連の深くにまで侵入した。チャーチルの記録によれば、四一年七月には、ドイツ側ではヒトラーがロシアを広く占領すべきと強く主張したのに対し、ドイツ帝国陸軍のブラウヒティシュ将軍は首都モスクワを早く落とすべきだ、との意見の対立があった。この頃から、ヒトラーとドイツ軍の制服組の意見対立が始まっている。このようなヒトラーと正規軍の対立は、一九四四年七月二十日フォン・シュタウヘンベルク大佐たちのヒトラー暗殺計画につながった。このヒトラー暗殺計画は失敗したが、周到に多数で計画されたものではなく、あくまでもドイツ貴族・軍上層部等保守層の一部の、軍事戦略上の意見の違いであり、ドイツ国民を開放しようとするものではなかった、と言われるし、ここにプロイセンの伝統が生きている、と主張する者もいるが、確かに計画失敗後処刑された人々の中には多くのプロイセン軍人の名前があるが、シュタウヘンベルグ自身バイエルン出身であり、彼らが救おうとしたのはドイツ帝国であって、プロイセンではなかった)。また、ドイツのソ連攻撃の直後、チャーチルの英国はソ連の参戦を歓迎したが、スターリンは四二年にも早く西側が欧州大陸に上陸して第二戦線(「オーバーロード作戦」と呼ばれた。Dーデイのこと。具体的には、ノルマンディー上陸作戦となって現れた)を開いて、ソ連軍の負担を軽くすべし、と強く主張し始めた由(スターリンはこの問題について、一九四三年のテヘラン会談でも取り上げ、執拗に早急な期日の決定を迫っている)。しかしドイツ軍は冬場の装備を十分にしておらず、四一年十二月首都モスクワの三〇キロ手前で進路を阻まれた。ソ連は第一次世界大戦の頃のソ連ではなく(軍事的、経済的、人口に於いても)、遥かに強力になっていたし、四一年春、日本との間で中立条約を結び、ソ連軍は、シベリアより西への戦力の移動が可能であった。また、この年の十二月頃にはアメリカの援助(一九四一年三月、米国は武器貸与法によって武器援助が可能になった)もソ連に入ってくるようになった。こうして激しい攻防の末、四一年十二月を境にして、ドイツ軍は次第にソ連赤軍の前に後退を余儀なくされていった。他方ヒトラーはドイツ軍に徹底抗戦を命令して、ドイツ軍は苦しい戦いを強いられた。いったんはドイツ軍が戦力を盛り返したときもあったが、一九四三年二月にスターリングラードで敗北し、以降ドイツ軍は順次後退を余儀なくされた。この間を通じて、ドイツ、特にその秘密警察によるユダヤ人、ロマ、シンティ狩りは東欧、ソ連でも続いた。

こうした中で一九四一年十二月八日（米国時間七日）、日本軍はパール・ハーバーを攻撃し、日米は戦争状態になり、ここに太平洋戦争に突入した。これを見てドイツは十二月十一日に米国に宣戦布告して、米国は、第二次世界大戦に正式に参戦することになった（米国の第二次世界大戦への態度と太平洋戦争との関連については別途後で触れる）。

北アフリカに於いても、ドイツ軍は四一年以来、イタリア軍とともに戦った。「砂漠のキツネ」として有名なロンメル将軍指揮下のドイツ軍は、一九四二年十一月、エジプトのエルアラメンの戦いで英国モンゴメリー将軍指揮下の英国軍等に敗れるまで、必死の戦略を駆使して戦った。

ヨーロッパ戦線に転機を及ぼしたのは、一九四二年十一月、アイゼンハワー連合軍最高司令官指揮下の連合軍が、北アフリカに上陸したときであった。ロンメル指揮下のドイツ軍アフリカ大隊が降伏して（四三年五月）その二ヵ月後、連合軍はイタリア・シシリー島に上陸し、更に、連合軍はイタリア半島南部に上陸した。連合軍のシシリー島上陸後、ムッソリーニはファシスト党の信頼を失い、党の仲間や国王に追放された。これ以降ナポリ以北をドイツが占領し、イタリア南部を連合軍が支配した。ナポリ以南を連合軍とともに支配下に置いたイタリア側新政府――バダグリオ首相――は秘密裡に連合軍との間で休戦協定を探るようになり、休戦協定は、四三年九月に調印された。なお、ドイツ軍に救出されたムッソリーニは、一九四三年九月、ドイツの占領地域に限定された「イタリア社会共和国」の首班――ガルダ湖のサロに本拠を置く――に就いたが、実質的にはムッソリーニおよび北イタリアはドイツの支配下に下った。イタリア中部、北部でも一九四二年以降ドイツに抵抗する地下抵抗運動が組織され、カッシーノ山地（ナポリとローマの間の要所）を巡る攻防を制した連合軍が四四年六月四日にローマに達すると、イタリア皇太子ウンベルト二世の下のイタリア政府と地下抵抗組織もこれに加ってドイツに抵抗した（ローマ奪取後、連合軍の南ドイツ空爆が可能になった）。他方、四四年六月六日、連合軍は、ヨーロッパ戦線での画期的なノルマンディー上陸作戦を敢行（チャーチルによれば、ローマ奪回とノルマンディー上陸作戦は密接に関係した）、途中ではフランスのケーンなどでドイツ側の激しい抵抗にあいつつも、連合軍は、同年八月二十五日にはパリを奪回し、四五年三月にはライン河（レマーゲンの橋）を渡って、四月（二十五日）には西側から進駐した米軍の兵士たちと、東側から進軍してきた赤軍・ソ連の兵力がエルベ河のトルガウで会合するに至った（この間、戦争の末期には、英米とソ連の考え方の違いが明らかになり、「冷戦」の萌芽が表れ始めていた）。

このように、ソ連・赤軍は次々と東欧からドイツ軍を駆逐し、ベルリンに至り、四月三十日ヒトラーはベルリンの官邸で自殺し、五月八日、ドイツは連合軍との間に休戦協定に調印し、同協定は九日発効し、ここにヨーロッパでの戦闘は終結した（なお、イタリアでは、ドイツ軍はますます北に後退し、ムッソリーニは一九四五年四月末に、逃走中愛人とともに地下抵抗組織に捉えられて絞首刑にされた）。この間約六千万人の命が失われ、六百万人のユダヤ人が虐殺され、五十万人とも言われるロマ、シンティが命を失った。ドイツを含めて多くの市街地が空爆に晒され、特に終戦に近い一九四五年二月十一日の連合軍によるドレスデンへの空襲は東方からの避難民も多くいたこともあり、本当に戦局に意味があったのだろうか、と問われている（この問いは、終戦間近かになった八月六日、八月九日広島、長崎に米軍により原爆が落とされたことに対しても当てはまる）。

（日本は、その後も戦争を続け、一九四五年八月九日ソ連が対日参戦し、遂に日本は、八月十四日ポツダム宣言を受託、翌十五日敗戦を認める天皇のラジオ放送を経て九月二日降伏文書に署名して、太平洋戦争、大東亜戦争は終結し、第二次世界大戦はここに終了した。）

（2）ヨーロッパの戦争から太平洋戦争へ

既に一九三七年七月以来日本は中国との戦争に入っているが、見た通り、米国は、英国や連合国側に好意的で、中立と言いながらも時によっては、連合国に武器や物質的援助（米国が公式に武器援助を行えるようになったのは一九四一年三月の米国武器貸与法採択の後）を行ってきた。特に英国に対してはそうであった。確かに日本は既に一九四〇年に日独伊三国同盟条約を締結しており、ドイツ、イタリアとともに枢軸国を形成していた。米国ルーズベルト大統領は欧州戦争に「参戦」してファシズムを撲滅するために英国はじめ同盟国の支援に出たいところであったが、米国内では第一次世界大戦に参加したことの厭戦気分が強く、世論や議会は米国がヨーロッパの大戦に巻き込まれることに対しては反対する空気が強かった。他方、大統領周辺や政府には、ドイツ、イタリアなどと連携を強めて、米国が一九二二年のワシントン体制で唱えた、中国に対する機会均等に反するように中国に深入りしてゆく日本を追いこみ、仮に日本との戦争が起これば、日本が枢軸関係にあるドイツやイタリアとの戦争に米国が入るのはやむなし、との雰囲気があった。このような米国大統領周辺の政策は、既に一九四〇年十月のマッカラン米国海軍中将の大統領に挙げられたメモに書かれているし、一九七六年に書かれたハミルトン・フィッシュ下院議員の忘備録にも書かれている。これらを裏付けるように、日本は米国との戦いへと進んでゆき、遂には一九四一年十二月八日のパールハーバー攻撃、日米開戦に至るのである。

英米関係を見ると、既に独ソ戦が始まった直後の一九四一年八月（まだ米国は日本との戦争状態には入っていない）には、ルーズベルト米国大統領と英国チャーチル首相は大西洋上で首脳会談を行い、「大西洋憲章」を発した。そのとき、「ナチの専制が最終的に終了した後」一般的な安全保障を担う常設の包括的な組織の設立が必要なことに言及している。そして、「憲章」に直接言及されたのではないが、日本の極東での脅威に言及している。日本がパールハーバーを攻撃した日、ロンドンで夕食をとっていたチャーチルは、そのニュースに、「米国は正式に参戦した。これで我々は勝利した。大英帝国、英連邦は救われた！」と喜んだ。

ドイツは十二月十一日、米国に宣戦布告をした。ヒトラーは、日本との戦争に突入した米国がアジア・太平洋に力を割かれ、これを好機と見て米国に宣戦布告をしたのだろうが、あるドイツ人の現代の学者から見ると、なぜ巻き込まれれば、負けるとわかっている米国と戦争を始めたのか大きな疑問とし、これはヒトラーの大きな間違いであろう、としている（例えば、セバスチャン・ハフナー）。ヒトラーの思惑にも拘わらず米英はその年の暮れ首脳会談でドイツが主敵と声明している。更に、一九四三年一月に行われた北アフリカ・カサブランカでの英米首脳会談では既に、米英は「ドイツ、日本の無条件降伏を達するまでの間、情け容赦なしに戦う意図である」と表明している。

(3) 更に大東亜戦争へ

日本は、一九三一年の満州事変以降、三三年三月に国際連盟を脱退し、中国大陸へ進出、遂に、一九三七年七月、盧溝橋事件以後中国との本格的戦争に入っていた。更に、一九三八年以来中国に深く侵入するとともに、中国への支援のルートである蒋援ルートを阻止するべく東南アジアを支配するオランダ、英国との衝突を覚悟で、東亜新秩序を唱え始め、一九四十年七月には、近衛内閣（第二次）は、日独伊枢軸の強化とともに、東南アジアの英仏蘭の植民地を含む地域での東亜新秩序の確立（大東亜共栄圏）を決定してゆく。折しも、一九四〇年六月には、欧州ではドイツがデンマーク、ノルウエー、ベネルクス三国を占領し、フランスを屈服させ、イタリアも戦争で枢軸国に加わって、ドイツは破竹の勢いであった。こういう欧州の情勢を見たうえで、同年九月末日本は松岡外相の下に日独伊三国同盟を調印した。他方中国（蒋介石政権）は、一時日本との和平を検討したようであったが、日本がドイツとの提携を深めるのを見て、中国は、日本、その同盟国（即ちドイツ、イタリア）と米英との衝突を期待し、一方日本は、米国との間でも、太平洋九カ国条約（一九二二年ワシントン体制の一環として、中国の門戸開放を謳っていた）から脱する姿勢を明確にして、米国との関係は緊張を加えていた。ここに、中国から見れば、日中問題と世界問題の同時解決の可能性を見た訳である（井上寿一編、『外交史戦前編』）。四〇年九月二十三日、日本は北部仏印（フランス領インドシナ）への進駐を開始し、更に南部仏印に進出し、太平洋戦争開始とともに日本はマレー半島、シンガポール攻撃に向かうのである。こうして、日独伊枢軸国と欧州連合国の両陣営の対立軸は明確になった。

日本は、松岡外相によれば、米国をけん制するために四一年四月、ソ連との中立条約を結んだが、米国は既に日本との通商航海条約を破棄しており、これに対して、日本は大東亜共栄圏を進め、南進する。日米交渉は行われたが、十一月のハル（米国国務長官）・ノートを日本が拒否し（ハル・ノートは最後通牒と受け止められた）、遂に十二月、日米は開戦した。こうして、枢軸国・連合国の欧州（を中心とした）の大戦、米中と日本の太平洋戦争、日本の南進を契機とした日本対米中蘭英の大東亜戦争の三つの戦争が一体化し、第二次世界大戦となった。

2　第二次世界大戦を振り返って

(1) ヨーロッパ大戦とドイツ人の道義的責任

第二次世界大戦のうち欧州の大戦を引き起こした第一義的責任が、ドイツにあることは、ドイツ人を含めて異論がない。この点は、ドイツ一国に大戦の責任があるかのように扱われ、このような見解に多くのドイツ人が憤慨した第一次世界大戦とは異なる。問題は、何故ドイツが第一次世界大戦に引き続き第二次世界戦争に走ったのだろうか？　ということだ。

特に、一九三三年にヒトラーが政権を握って以来、ドイツはヒトラーの持論であるヴェルサイユ体制の修正に向かい、その結果ポーランド侵入に端を発する欧州大戦に向かって突き進んだ。国際連盟からの脱退、軍縮会議からの離脱、オーストリア併合、ズデーテン地方の割譲とチェコスロバキアの解体、等がそれである。そして、六百万人のユダヤ人虐殺という汚点を残した。更にヒトラーの強い共産主義への反感も重要な要素であったろう。それにしても、ドイツの戦争責任論に輪をかけたのは、戦争末期・戦後明らかになった、想像を絶するユダヤ人に対する迫害である。

　そして、日本の政治家からは、ドイツ人は戦争の責任をすべてナチスやヒトラーに押し付けている、という声を聴く。確かにその要素が強い。特にユダヤ人迫害があったせいもあろう。それもあってか、戦後のドイツではナチスやヒトラーへの責任追及は厳しい。民間企業でも、ユダヤ人迫害への賠償も行ってきた。他方日本では、戦争末期に、太平洋諸島の激戦で多くの日本兵を失い、東京などが空襲にあい、沖縄に上陸攻撃され、広島、長崎に原爆を落とされ、ソ連軍に満州から駆逐され、もしくはシベリアに抑留され六万人近くが死亡したこともあって、被害者意識が強い。こうしたこともあってか、日本では、中国や韓国を侵略した歴史への思いの少ない人もいる。戦後多くの日本の政治家が「日本は意図的にこれらの国に進出したのではない」との趣旨の発言を行って中国や韓国から顰蹙を買った例もある。私自身は、ドイツの戦後の行き方が正しくて、日本の反省が不十分だというつもりはない。ただ日本が将来を正しく平和の道を歩んでゆくためには、日本人も過去の事実をできるだけ正しく評価し、問いただし、その上で将来の世界、日本の行くべき道を見てゆくことが必要だと考える。そのことは決して、「自虐的歴史観」とは思わない。

　とにかく、一九三三年一月にヒトラーが合法的に権力を奪取して、ドイツ国内に独裁体制を築き、反ユダヤ主義を標榜し、第二次世界大戦に向かってゆくことになるが、ドイツ人の多くがヒトラーの政策を支持し、彼に従っていったのは事実であって（帝国軍人、官僚、一部の経済界などの協力があったればこそヒトラー、ナチスの政策が実現できたし、四四年七月二十日のヒトラー暗殺事件が評価されるのも、その人々の勇気を買ってのことであろう）、この意味でもドイツ人の道義的責任は免れない。

ただ、「一九四五年五月八日はドイツ人にとって開放の日であった。民族としてのドイツ人に責任はない。あるのは個人の責任である。過去を正確に観ない者は現在、未来に対して盲目である」との、第二次世界大戦終了四十年に当たる一九八五年五月に新生ドイツ連邦共和国ヴァイツェッカー連邦大統領の言葉も首肯できるが、個人的には一九七〇年十二月、ドイツ・ポーランド条約調印のためポーランド・ワルシャワを訪れ、ゲットー（戦前・戦時中ユダヤ人が多く住み、ドイツのユダヤ人迫害の象徴）の前に跪いた当時のドイツ連邦首相ブラントの勇気と態度が立派だったことが印象的である。

(2) ユダヤ人虐殺とドイツ人

何故ドイツにナチスの政権が現れ、ドイツ人はヒトラーに追随していったのだろうか？

これは私個人の見解であるが、内政的には、一つは、ワイマール共和国が政治の左右対立と経済の不安定の中で、遂に安定した体制を確立出来なかったこと。ドイツにはまだ王党派が強くて、過去を克服する議論さえできなかったこと、政治的には、ワイマール共和国時代の一九二〇年から一九三二年の年一二年間に一五の政府が成立し、この結果、国民は政治に強いリーダーシップを望んだこと、ドイツの政治家も、帝国議会を重視せず、もっぱら重要なことを帝国大統領命令に頼ったこと、憲法も大統領の任命という、ヒトラーの合法的権力奪取に対して隙間を用意してしまったこと、ヒトラーが権力を掌握してからであるが、六百万人の大量失業を公共投資（特にアウト・バーンの建設）により解消したと見られたこと、それに、外政的には、ヴェルサイユ体制がドイツ人に強烈な不満を惹起して、ヒトラーの唱えるヴェルサイユ体制修正の道に容易に賛意を表したことなどがあげられる。加えて、ドイツ人の中の、共産主義への反感がヒトラーへの共感になった、と考えられる。

私自身の個人的体験に照らせば、ドイツ人がことさら反ユダヤ主義であったと思わない。ユダヤの人々は概して自分の人生を求めて、その国の社会に交わらず、我が道を行く人が多い。こういうユダヤ人に対する反感を持つ人がどの国にも、どの時代にもあった。ヨーロッパの一友人が言うには「ドイツ人は几帳面で、物事に凝って、一つのことを徹底的に成し遂げる。

優秀なところもあるが、怖いところもある」。私自身、九〇年代の初めボンに滞在した当時、ある朝、売店の新聞を手にとって元の棚に戻したとき、店の主人のドイツ人が血相を変えてとんできて「ドイツ人がやるようにちゃんと戻せ」と叫んだことがある。当時、ドイツの中では、トルコ人焼き討ち事件のように反外国人、といった風潮があり、そのドイツ人の店の主人もそれに乗せられたようである。

そうは言っても、第三帝国時代のドイツのユダヤ人迫害は、ヒトラー、ＮＳＤＡＰがあって初めて可能であったのであろう。

（3）第一次世界大戦の戦後処理の問題点

たった二十年という短期間に欧州が再び大戦に陥った不安定の要因がすでに、第一次世界大戦の後の戦後処理にあったことは否めない。その第一は、一九二〇年、第一次世界大戦後の紛争に備えるはずであった国際連盟は設立されたものの、当初より提唱国の米国は、上院の反対によって不参加となり、連盟理事国の日本が三三年に脱退を表明、ドイツも脱退（ドイツはやっと一九二六年に加盟を許されたのに）し、社会主義国ソ連は三四年に加盟、三五年のイタリアのエチオピア侵略に対しても国際連盟は制裁処置として不十分な対応しかできず、総じて国際紛争に有効に対処できなかった。

また、第一次世界大戦の戦後処理として米国のウイルソン大統領が唱えた十四か条のうち、「民族自決権」にしても、極めて曖昧で、後にヒトラーにチェコスロバキアのズデーテン地方のドイツ併合、カルパト・ウクライナのハンガリーへの帰属替え、そして再生ポーランドに対してドイツ、ソ連が勢力圏分割などに向かう道を作った、と言わざるを得ない。

(4) 戦後の秩序を巡って

第一次世界大戦が始まった当初、戦争は短期間で終わる、と多くの人々が考えたこともあろうが、大戦後の姿がおぼろげながらようやく明らかになったのは、一九一八年一月のウイルソン米国大統領の十四か条によってであった。この点チャーチル英国首相とルーズベルト米国大統領が最初に会談して「大西洋憲章」を発したのは、米国が太平洋戦争にまだ参加していなかった一九四一年八月の早い時期であった。そこで、大戦後国際連合のような世界の平和保障の機構設立の姿が構想されたのである。この構想が、更に米、英首脳の間で四三年一月のカサブランカ会談、更に、その年の十一、十二月にテヘラン会談(なお、同年八月から十月、ワシントン郊外のダンバートン・オークス会談で国際連合など国際機関設立を目的として会議が行われている）、そしてドイツとの戦争の末期、四五年二月にヤルタ会談で米英ソ首脳会談が持たれ、その年四月末から六月末のサン・フランシスコ会議で五十一カ国が集まって国際連合が結成された。国際連合には、国際連盟の失敗を顧みて、大国米、ソ、英、仏、中国五カ国が参加するように、この五カ国には安全保障理事会常任理事国という地位と拒否権が与えられた（特に、ソ連は当初より、小国の意向に大国が拘束されることに反対したという）。国際経済面では、戦間期の反省を踏まえて政治・安全保障面に先立ち、四三年には、食料・農業機構、救済・復興機構が設立され、同年七月には、ブレトン・ウッズに於いて国際経済会議が開かれ、戦後の国際金融体制をリードするＩＭＦ（国際通貨基金）、復興・開発銀行（世界銀行）の設立が合意された。

（5）冷戦の萌芽

既にヤルタ会談（一九四五年二月）から、西側の米・英とソ連の意見の違いが現れるようになった。典型的な例はポーランドの扱い（ソ連が推すルブリンの臨時政府か、西側特に英国の推すロンドンのポーランド臨時政府のどちらがポーランドの正統政府か、西側はポーランドで自由選挙の実施を主張。ポーランドの西部国境線についてもオーデル・ナイセ線では一致したものの、ソ連がオーデル河上流として西ナイセ川を主張し、これに対して英国は東ナイセ川からチェコスロバキアの線を主張。結局この問題は、七月のポツダム会談に持ち越され、ポーランドが当面支配するが、将来のポーランドの西部国境はドイツとの平和条約でドイツとポーランドとの間で決められるべし、となった。現実には、ドイツの統一前の一九九〇年七月にポーランドとドイツ連邦共和国との間で取り決められ、ポーランドの西部国境線は、オーデルナイセ線『オーデル河の先は西ナイセ河』となった)。ソ連はヤルタ会談ではいったんポーランドでの自由選挙を約束したものの、結局、その後、言を左右にして自由選挙を実施せず、東欧諸国を占領・赤化していった。このほか、劣勢になったドイツは一九四五年三月中旬、北イタリアから情報本部員をスイス・ジュネーヴに派遣し、連合軍米英側との間で単独和平を打診したことがあった。これを知ったソ連のモロトフ外相が、西側を激しく非難する事態になった。また、西側連合軍は、四月にマグデブルク、ライプチヒ（いずれもベルリンの南西部一〇〇キロの地点）を占領しながら、ソ連軍がベルリンに入るのを待っていたし、チェコスロバキア占領にしても、ピルゼン、ブドバイザーを占領しながら、プラハ占領についてソ連軍の意向を聞き、NOと言われて結局ベルリンへの三つの回廊を確保した。このように、戦後の東西冷戦は確実に進行していった。

Ⅶ　第二次世界大戦後の西ドイツとドイツ統一

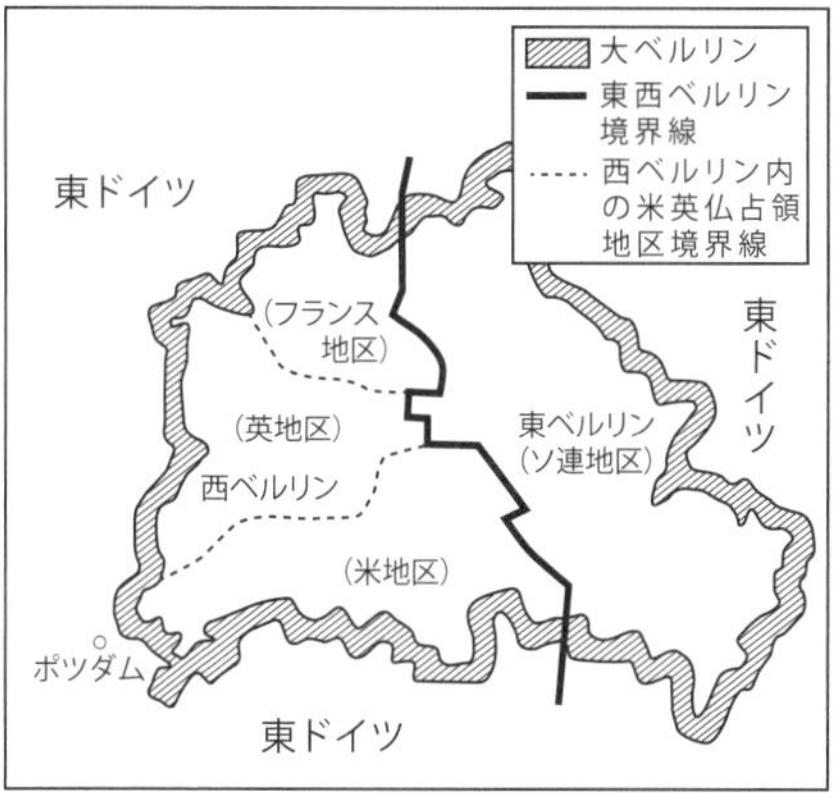

ベルリンの分割占領体制

1　敗戦後のドイツの生き方

一九四五年五月八日、欧州の大戦はドイツの敗北で終了し、六月五日連合国（米・英・仏・ソ）はドイツの最高権力を掌握し、ドイツは、四つに分割され（最初ドイツの西部は英国、米国に管理され――後にフランスがこれに加わった）、首都ベルリンは四連合国に共同管理されることになった。

西側三連合国の占領地域がまず一体化して、通貨改革を行い、凡そ一年間にわたるソ連によるベルリン封鎖を克服し、一九四九年九月に西ドイツ―ドイツ連邦共和国、そして東側では同年十月に東ドイツ―ドイツ民主共和国が成立し、ドイツは二つに分裂した。更に、一九六一年八月に、東側による東西ベルリンの間の壁の構築によりドイツは完全に分裂した。しかし、ソ連による人工的な欧州分断は、一九八五年にソ連自身にゴルバチョフ書記長が誕生し、彼によるグラスノスチ（公開性）、ペレストロイカ（立て直し）を経て、一九八九年十月に東ドイツでは書記長のホーネッカーが辞職し、十一月九日のベルリンの壁が崩壊することで終焉を抑え、翌年十月三日、ドイツ民主共和国がドイツ連邦共和国に加わることでドイツは統一された。

2　第二次世界大戦後のドイツ

第二次世界大戦後のドイツ統一に至る過程については、次の四つの政策が重要だったと思う。

（1）国内体制の民主化、ワイマール共和国とナチの過去に学ぶ

第一は国内的には、ドイツ連邦共和国（西ドイツ）が生まれる前、その礎たる国の基本である憲法の制定が必要であった。ドイツ連邦共和国の最終目的は、ドイツ国家の再統一であったから、ドイツ連邦共和国の憲法は、ドイツ統一が達成される日までの暫定的なものであった。それ故、ドイツ連邦共和国の憲法は、基本法と呼ばれた。

基本法は、一九四八年半ばに、西側連合国から、連邦各州からなる議会協議会に草案作成作業が諮問され、議会協議会に委託された専門家たちが一九四八年八月、ミュンヘンの南東にあるヘレンキームゼーで作業し、その上に、連合国の厳しい注文も入れて、一九四九年五月二十三日に公布された。

基本法の根幹をなすものは、「ワイマール共和国」が合法的に（一九三三年一月三十日に帝国大統領が帝国宰相にヒトラーを任命して）ヒトラーの独裁国家を生んだという苦い経験を反省し、そのような国家の再来を国の基本法でがっちりと阻止することにあった。まず、議会協議会が重視したのは、連邦大統領の権限を極力代表性に限り、その代わり連邦首相の権限を強くすることであった。このため導入された制度では、大統領や議会が簡単に連邦首相を変えることが出来ないように、連邦首相の信任決議は、後任の連邦首相を議会が提示できる

時だけに限る、いわゆる「建設的不信任」決議を採択したときに限った。更に憲法裁判所の権限を強化し、法律や制度が基本法に合致するか、を審査する権限を与えた。その典型的な例は、一九五六年八月十七日に連邦憲法裁判所は、自由な憲法秩序を破壊する目的を持つ政党を禁止する、と判決した。すなわち、ＫＰＤ（ドイツ共産党）はその存立が基本法に反するとして禁止されたのである。もちろん、このような憲法裁判所に強い権限を与えることについては、ドイツ連邦共和国の政治を連邦政府・議会ではなく、憲法裁判所が支配することになるのではないかという批判がある。また、「ワイマール共和国」では、比例代表選挙の結果いずれの当選した弱小政党の議員でも帝国議会に議席を持ち、結果的に弱小政府が続き、政治が不安定化したことを反省し、第二次世界大戦後の第二回の連邦議会選挙から、五％条項を導入し、五％以下の票しか獲得しなかった政党は議会（連邦議会も州議会も）に進出できなくなった。また、基本法作成過程で、連合軍、特にフランスが強く要求したのは、中央政府の権限に比し、連邦の州の権限を強化することであった。この点、伝統的に地方（州）の権限・伝統の強かったドイツ連邦共和国では、基本法上、州を代表する連邦参議院の権限を強くすることになった（ドイツの参議院議員は、州を代表するもので、連邦議院の決議とは異なることもある。このような場合には、両院で協議され、実際連邦と州の妥協が図られる）。

（2）フランスとの和解と協力、米加などとの西側との緊密化

第二は、最終的な目標をドイツ統一としつつ、自由なドイツを作るためにはまず、西ドイツを強く西側に結びつけることであった。当時中・東欧諸国を共産化し、アメリカと欧州を切り離し、西ドイツを中立化ないし、共産化せんとすることがソ連の政策で、その対策のためにも西側との緊密な協力が必要であった。それが西ドイツ初代首相のアデナウアーの政策であった。西側の中で、第二次世界大戦後のフランスは西ドイツを警戒するとともに、西ドイツとの協調・和解の道を探った。これまで見てきたように、独・仏両国は何度も戦争をし、一八七〇年から一九四五年の間に実に三回にわたって戦争を戦い、過去二回の戦争では、世界中を戦争に巻き込んだ。第二次世界大戦後、ドイツ、フランス双方から両国から戦争を何とか阻止しなければならない、という考えが両国の指導者、若い人々から出てきてもおかしくない。

戦争直後、フランスは、西ドイツのルール地帯を国際化すべきだ、ザール地方をフランスに編入すべきだ、という声もあったが、このような考え方には対独復讐心もあろうが対独警戒心もあっただろう。この考え方に共通するのは、これらの地域から産出する石炭・鉄鋼を

ドイツが独占すればドイツ・フランスの間でまた戦争に発展しかねない、だから、この地域の石炭・鉄鋼を国際化するか、ドイツから取り上げてフランスのものにしようという考えであった。結局、石炭・鉄鋼を国際化すべし、という考えを、フランス（シューマン外相）が提案し、それにドイツ（アデナウアー首相）が即座に賛成し、ベネルクス三国とイタリアが賛成し、一九五二年に欧州石炭鉄鋼共同体（ECSC）が誕生した。ザール問題もドイツ連邦共和国が主権を回復した後の一九五六年、ザール地方の住民投票が実施され、その結果、ザールはドイツを選択し、その後ザールはドイツ連邦共和国の一州ザール・ラントになった。

ドイツ連邦共和国のアデナウアー初代連邦首相は、ドイツが主権を回復し、当時のソ連の脅威に対処してゆくため、最前線に位置する西ドイツが国防軍を持つべきこと、とその国防軍を西ヨーロッパあるいは米国を含む西ヨーロッパの軍隊組織に統合すべきだ、と考え、西ドイツ軍が、特にフランスを含めた欧州防衛共同体の一員とすべき道を探った。当時すでに一九四九年四月にはNATO（北大西洋条約機構）が成立していたが、西ドイツはフランスを含めた西欧の防衛共同体（ドイツ語で、Europaeische Verteidigungs Gemeinschaft ——EVG）を希望した。このEVG構想は、条約の調印まで進んだが、一九五四年八月三十日、フランス議会はこの条約の批准を拒み、ＥＶＧ構想は消えた。それほどフランスのドイツへの不信感は強かった。結局西ドイツは、一九五五年五月の主権回復直後にＮＡＴＯに加盟した。

その後、一九五八年にはＥＥＣ（欧州経済共同体）と欧州原子力共同体が成立し、フランスとの協力は主として経済面での欧州統合を進ませた。

フランスは、その後、ド・ゴールの時代に入った。一九五八年九月、アデナウアー首相はド・ゴール（当時首相）の郷里コロンベイ・デ・グ・リーゼに私的に訪れた。この長時間に渡る話し合いによって、アデナウアーはこれまでのド・ゴールへの不信感を取り払い、信頼関係を構築し、その後の独仏協力関係の基礎が築かれた。もちろん、ド・ゴールの対米・英への不信感（米国が自国の核兵器を使ってでも欧州を助けるか、という疑問、英国は米国と密接、という不信感）は根強く、また欧州統合についての独仏間の違いもあったが（西ドイツ出身のワルター・ハルシュタインEEC委員長の考えに従い、ＥＥＣを超国家機関に持ってゆくという考え、フランスは「祖国からなる欧州」という考えの違い）、特に、独仏協力条約が結ばれる直前の一九六三年一月十四日、ド・ゴール大統領は、このタイミングでの英国（は米国の考え方に近すぎるので）の欧州経済共同体（ＥＥＣ）加盟に反対する、と記者会見で表明した。

にも拘わらず一九六三年一月二十二日に調印された独仏協力条約（いわゆるエリゼー条約）には独仏は、少なくとも年二回の首脳会談、年四回の閣僚会議をはじめ、政治・経済・文化や多方面にわたって協力することを謳っており、特に青少年の交流は著しい。私が学んだチュービンゲン市は、フランスのエクサン・プロバンス市と姉妹都市提携を結んでおり、チュービンゲン市のホテルにはたびたびその交流関係の大学関係者、青少年に出会ったものである。

独仏協力関係は、その後も発展し、七〇年代の後半には、シュミット・ドイツ首相とジスカール・デスタン・フランス大統領との協力で、欧州通貨協力（ＥＭＳ）が生まれ、その後ドイツ統一の後ＥＵ（欧州連合）協力でも両国の強力なイニシアチブの下にユーロが誕生した。また、政治面でも独仏は緊密性を誇示しており、一九八四年には、第一次世界大戦の独仏激戦地であったヴェルダンの地で、コール首相（当時）とミッテラン大統領（当時）は独仏戦士の墓の前で手に手を取り合って、不戦の誓いを行っていたし、軍事的には、一九八七年にはドイツとフランスは独仏合同旅団の創設に合意した。またユーロ誕生にしても、ドイツとフランスの緊密な協力なくしては考えられない。最近は、二〇一四年三月のロシアによるクリミア半島のロシアへの編入に端を発した今回のウクライナ危機に際しても、二〇一五年二月メルケル・ドイツ首相とオランド・フランス大統領が、東部ウクライナにおける停戦合意を達成するため、ロシア大統領とともに、ウクライナ大統領と親ロ派の間の仲介の労を取ったこと（ミンスク合意）は、欧州平和にとっての独仏協力の重要性を思わせる。

話は遡るが、一九五四年八月三十日、ＥＶＧ（Europaische Verteidigungsgemeinschaft――欧州防衛共同体）は結局フランスの反対で日の目は見なかったが、その直後のロンドンでの会議で西ドイツのＮＡＴＯ（北大西洋条約機構）への参加が決定され、その際アデナウアーは西ドイツのＡＢＣ兵器（核、生物、化学三兵器）の生産放棄を宣言した。西ドイツが主権を回復した一九五五年五月五日の後五月七日西ドイツは正式にＮＡＴＯに加盟した。なお、参考のために、ＮＡＴＯ条約は、集団的自衛権を加盟国の義務としているが、ある加盟国が武力攻撃を受けた時、他の加盟国は自国への攻撃とみなし、この武力攻撃を受けた加盟国を支援すべきとされているが、その方法は、支援する国の方法に任されており、必ずしも武力で援助する必要性はない。

その後、一九六一年の八月ベルリンに壁が構築され、更に六二年秋にはキューバ危機があり、米国とソ連は徐々に緊張緩和に向かった。このような傾向に対し、アデナウアー西ドイツ首相は、米国が西ドイツ・ベルリンの利益にあまり配慮せず、ソ連との友好を優先しているのではないかと疑念を持ち、折から、「大西洋からウラルまで」の（米国とは別の）欧州独自の利益を追求しているフランス・ド・ゴール大統領との友好をも追及しようとした。このような事情が、独仏協力条約の背景にあったが、六三年一月の独仏協力条約署名の後には、ドイツ議会の中では、米国・大西洋関係も重要である、との考え（大西洋主義）が主張され、このバランスを取った前文が条約前文に挿入されるというハプニングがあった。六三年秋アデナウアー時代は終わり、その後のエアハルト首相時代にも、西ドイツに於いては、フランスとの友好を優先すべき（ゴーリスト）か、米英との友好を優先すべきとする者（大西洋主義者）かの争いがあったが、西ドイツに於いては、基本的に（安全保障上の観点から）米国との友好を優先し、欧州統合のためにはフランスとの友好を最大限優先させる、という政策をとってきたように思う。ドイツの西側政策には、常にと言っていいほどこの大西洋主義者とゴーリストの鬩ぎあいがあり、例えば、一九七四年秋にキッシンジャー構想（キッシンジャーは当時の米国国務長官。米国を軸に米・EC・日間の協力の共同宣言を打ち出すという考え――主としてフランスの反対で実現しなかったが、これなどは、フランスから見れば、折からのアラブ諸国の石油戦略に対抗するために、日米欧の協力が必要なことを理解しつつも、米国が日欧を束ねているのが露骨、と映ったのだろう）、ちなみに、一九九〇年にドイツが統一を達成した背景には、

（当初フランス、イギリスが懸念を表明したのに）米国が統一に賛成したことで欧州・米国が全体としてドイツ統一に向かったという事情がある。

（3）東方外交の展開

そして第三の要素として、西ドイツが一九六〇年代後半から東方政策を展開したこと。もっとも、西ドイツが東方政策を展開させるに至った契機は、もちろん西ドイツ自身の政策転換もあったが、五〇年代末に米ソ間で緊張緩和の模索が始まったこと、それに、フランスのド・ゴール大統領が緊張緩和の時代を迎えて、欧州独自の利益を、即ち、ソ連との友好関係も模索し始めた事情もあったであろう。更に、ＮＡＴＯの戦略に於いても、六七年には「安全保障と緊張緩和」が採用された（ウェルナー・プラン）。このように緊張緩和の雰囲気は、西ドイツに行動余地を与えることになった。フランスとの和解、欧州統合の進展、ＮＡＴＯへの統合という確固とした西側との結びつきを確保した上で西ドイツはいよいよソ連・東欧諸国との関係改善に乗り出した。

ところで、日本では、西ドイツ東方政策は一九六九年のＳＰＤ（社会民主党）／ＦＰＤ（自由民主党）政権に始まった、との先入観があるが、その萌芽は、一九六三年秋に成立したエアハルト内閣のゲルハルト・シュレーダーCDU（キリスト教民主同盟）外務大臣時代にあった。その後、六六年末に成立したCDU／CSU（キリスト教社会同盟）、SPD（ドイツ社会民主党）、大連立内閣（キージンガー首相、ブラント外相）はその政府声明でソ連・東欧諸国に武力放棄を中心に緊張緩和を呼びかけた。西ドイツの新しい東方諸国との関係樹立の意図はソ連の、東欧支配についての警戒心から進まなかったが、六九年秋に成立したSPD／FDP政権の発足により本格的な東方政策が展開された。まずソ連との関係を改善し、次に中東欧諸国との関係改善を果たし、更に東西関係改善のために棘であったベルリン問題を改善し、しかる後に東ドイツとの関係正常化を図った。東西ドイツ間の関係樹立は、一九七三年の基本条約の批准によって成立し、両ドイツは一九七四年常駐代表――普通の国家間どうしの外交関係樹立には外交代表――を相互に交換した。西ドイツの東方政策が東西協力の地ならしをした後に一九七五年八月にフィンランドの首都ヘルシンキで米ソを含む三五カ国の東西の首脳が会し、欧州安全保障協力会議（CSCE）が開催され、東西間の安全保障のための信頼醸成、経済協力、人権分野での改善を含む文化協力の強化が謳われた。ソ連は、一九五四年に欧州安全保障会議を提案したときには、その狙いは第二次世界大戦後生じた欧州の国境を固定化することにあった、とみられるが、他方で西側は、経済協力を武器に東西間の交流、なかんずくそれを武器に人権分野の改善を試みたのである。ヘルシンキ会議で、ドイツは、「国境の平和的変更の可能性」を残すことに成功した。一九九〇年のドイツ統一、東西冷戦の終了後、一九九一年末のソ連の解体後、ＣＳＣＥの機構は東方へ拡大し、現在ロシアを含む旧ソ連を包含した組織に変更されＯＳＣＥ（欧州安全協力機構）となり、例えば二〇一四年八月に引き続き二〇一五年二月にはウクライナと親ロ派の間には入ってロシア、ドイツ、フランスの努力を補完し、仲介の役割の一翼を担っている。

(4) ドイツ統一は近隣東西諸国の努力も

第四に、一九九〇年十月ドイツ統一が達成されたが、それに至る過程には、ドイツ自身の努力はもちろんである（一九八九年五月以来の東ドイツでの反政府運動）が、米英仏などとの緊密な協力、欧州統合の進展の他、ソ連自身の変化とそれに呼応した東欧諸国の自己開放努力も大きかったと思う。一九五六年のハンガリー動乱、一九六八年のチェコスロバキア事件、一九八一年のポーランドでの戒厳令布告事件（以上いずれも、ハンガリー人、チェコスロバキア人、ポーランド人のソ連に対する反抗）を経て、一九八五年、ソ連にゴルバチョフ書記長が登場し、「公開性」、「建て直し」を唱えるようになり、これを機に、ハンガリーのオーストリアとの国境開放（八九年五月）、ポーランドの自由選挙（八九年六月）、チェコスロバキアに集まった東ドイツ人の西ドイツへの出国許可（八九年十月）、等ソ連中東欧諸国のドイツ統一への貢献も見逃すべきではない。

なお、以上の四つの政策と環境の前提として、第二次世界大戦後西ドイツが発展する契機となったのは西ドイツ「経済の軌跡」も見逃せない。

第二次世界大戦直後西ドイツ・アデナウアーたちが直面した大きな問題は、東部から引き揚げてくるドイツ人一千万以上の人々や、多くの都市が焼かれ、家を失った人々をいかに西ドイツに統合するか、の問題であった。それには、住宅供給と物資不足の中インフレをいかに抑えるかであった。そのためにも一九四七年の米国によるマーシャル計画は西ドイツの復興にとって非常に重要であったし、そして、西ドイツ成立直後一九五〇年六月に起こった朝鮮戦争は、日本の復興だけでなく西ドイツ経済（西ドイツへの需要喚起となった）の躍進の起爆剤になった。また、第一次世界大戦後にドイツを襲った超インフレは西ドイツ人の記憶に焼き付いていた。第二次世界大戦直後西側三占領地で行われた通貨改革はインフレを抑え、アデナウアー首相が西ドイツ成立後真っ先に挙げたのは、住宅政策であった（一九五一年の第一次住宅建設法、一九五六年に第二次住宅建設法）。更に労働者たちの貯蓄奨励策をサポートするために、一九六一年には第一次労働者財産形成促進法を制定するなど国民の貯蓄奨励策を講じた。これらの政策の背後には、後にアデナウアーの後を襲うことになるエアハルト経財相の、社会市場経済政策があった。（なお、筆者がドイツ・フライブルクに留学した一九六五年、あるドイツ人学生の下宿先の主人夫婦の夫は七十歳過ぎのお爺さんであったが、第二次世界大戦後東方から逃れてきた難民（VERTRIEBE）のうちの一人であって、戦後この町で職を得て、当時は年金生活を送っていた。彼らの家は当時の日本人から見ればとても広いアパートで一二〇平米は優に越す四つの部屋を持ち、そのうちの一部屋を学生に貸していた）。

（5）過去との対話と過去の克服

もう一つ忘れてならないのは、やはり過去との対話と過去の克服である。ドイツに生活していると、日本の場合よりはるかに多くの過去（ナチの蛮行、ドイツ軍の狼藉など）が映画などに映される。そして学校では、ナチ時代の蛮行が教えられる。こうして西ドイツ人は、過去の自国の過ちを常に記憶され続けてきた。一九七〇年十二月、当時のブラント首相がポーランド・ワルシャワ・ゲットーの前で跪く映像を観たし、一九八五年五月の終戦記念四〇周年には、ヴァイツェッカー連邦大統領の国会での演説の中で「過去を正確に知ること」が現在を切り開く上で必要なことを説明された。こうした為政者の姿勢も（日独の）国民性の違いもあろうが、過去を正確に学ぶことの大切さを鏡として学んだ。
日本とドイツでは事情も歴史も異なるが、両国の戦後の世界の中での発展を考える上で興味深い。

第二次世界大戦後のドイツの発展、ドイツ統一へのプロセスについては、筆者が執筆したDie Bruecke　二〇一一年三号月号より二〇一一年十二／二〇一二年一月合併号連載の記事、あるいは「欧州分断の克服―外交現場からの手記」（信山社）を参照願いたい。

3　ベルリンの壁崩壊から統一

ベルリンの壁が崩壊した一九八九年十一月九日からドイツが統一した一九九〇年十月三日

までの西ドイツ・コール首相（当時）、ゲンシャー外相（当時）たちの外交努力と活動は驚異的でダイナミックであった。一九九二年五月にドイツを訪れた日本の宮沢総理大臣（当時）はコール首相に対し、「歴史は造られるものと思っていたが、歴史は造るものである、と初めて感じた」と感想を述べていた。事実あの一年間のドイツの外交は迅速、ダイナミック、政治家の決断力を感じさせる素晴らしいものであった。ドイツ統一につき、米国をはじめ、難しかった英国やフランス、近隣諸国の理解を獲得したり、不可能と思われたソ連との交渉をこなし、ポーランドとの国境問題に合意し、かつ欧州の安全保障を将来に向けて基礎を築くなり、戦後の長い西ドイツの経験、勘と、豊富な国際的な政治家の人脈を十二分に生かした外交であった。

私にとって気になるのは、ドイツ統一後もドイツと他の国々との平和条約が結ばれていないことである。ドイツの統一は、二プラス四すなわち東西両ドイツにプラス米、英、仏、ソ連の六カ国で進められ、決着した。米英仏ソは全ドイツ及びベルリンについて統一まで責任を持っていて、東西両ドイツは、平和条約を締結する権限を持っていなかった。その意味で統一までは、第二次世界大戦に関してドイツとの平和条約（講和条約、日本に関しては片務条約とされながらサンフランシスコ講和条約が、一九五二年四月に発効した。）締結できないのは仕方ないが、しかし、統一後は、ドイツは主権を回復したはずである。すなわち、ドイツは平和条約を締結できるはずである。多分、ドイツ政府が賠償問題への大きな懸念を持っていたものと推察される。この点は若干の識者からも指摘されているところである（例えば、二〇一一年に出版された『過ぎ去らぬ過去との取り組み』。同著は、「統一ドイツは、賠償請求が個々の旧連合国から出されることを、これからも覚悟せねばならないのである。」とさえ指摘している）。実際、二〇一五年三月、債務問題に苦しむギリシャ新政権のチプラス首相はギリシャ議会で、「ドイツに対して賠償を要求する、この問題は、今日のギリシャが陥っている状態と関係している。今日までドイツ政府はこの問題について口をつぐんでおり、法律的な言辞を弄し、問題を先送りしている」と述べ出している。なお、一九九九年に出版された『50 Jahre Bundesrepublik Deutschland』は、「終戦とともに、すべての主権は戦勝国の手に移り、二プラス四条約――正しい理由から平和条約とは名づけられなかった――後ドイツに返還された」としている。

ベルリンの壁崩壊後（1990年1月）のブランデンブルク門

ベルリンの壁、撤去後の痕跡

Ⅷ　今日の国際社会のなかのドイツ

ドイツ統一後四半世紀が過ぎた。東西ドイツ人の生活水準が全く同一になったとは言えないが、首都はベルリンに戻り、欧州の真ん中に位置するドイツの発言力は一層強くなった。

1　欧州統合とドイツ

一九九三年はマーストリヒト条約の発効により、ＥＣはＥＵ（欧州連合）となり、以来ＥＵは二〇〇四年には中東欧、バルト三国を加え、加盟国は二〇一五年現在二十八カ国に及んでいる。二十一世紀に入り、一時は「欧州憲法」まで検討する様になったが、フランス、オランダでの住民投票で反対に遭い、一方二〇〇二年以来一部加盟国の市場に導入されて現在十九カ国で流通している共通通貨ユーロは、滑り出し後しばらくは順調に推移したが、二〇一〇年になってギリシャの財政が危機的状況になり、それが他の南欧諸国に波及する兆しがあった。そこでユーロ圏を中心とする救済処置（EU、IMF、ユーロ諸国の協力，欧州中央銀行による国債の買い支え）などによりようやく一息ついた状態である。マーストリヒト条約により出発した欧州通貨同盟は、ユーロ誕生により順調に滑り出したようにみられたが、通貨同盟が一部の国の通貨面での限られた統合・協力に限られ、経済を支えるもう一方の財政面での統合が欠けている、という欠陥が改めて明らかになった。EUの統合面では、二〇〇九年十二月になって欧州理事会（EUの最高意思決定機関）議長（欧州大統領、とも言われる）が誕生し、二〇一五年にはポーランド出身の元首相トゥスク氏がその任にある。更に、EUの共通外交・安全保障上級代表（二〇〇九年以来。現在二〇一五年にはイタリア人モゲリーニ女史）が任命されたが、EUの軍事面での協力は遅々として進んでいないのが現状である。

EUが、二十一世紀になって、その進捗が思うように進んでいないのは、加盟国が増え、決定のメカニズムが複雑になって一般市民から解り難くなったこともあろうが、何よりも、欧州統合に向かい始めた五十五年前の平和のための強い危機感と固い結束が失せてしまっているせいではなかろうか？

2　NATOとロシア

ここで、NATOとロシアの関係について触れておきたい。ドイツ統一がほぼ明確になり、西欧と中東欧との垣根が取り去られる状態が明らかになった段階で、一九九〇年七月のNATOロンドン首脳会議は「変革した大西洋同盟」を宣言した。その骨子は、NATOが新たな時代に即し、より政治的な役割を担い、東側諸国との協力を求めてゆく、というものであった。その後、一九九一年五月、ワルシャワ条約機構は解体し、NATOはこの新戦略概念の下で、更にソ連・中東欧諸国との対話と協力の意図を明らかにしていった。ソ連崩壊後の一九九四年には、冷戦崩壊後の欧州の安全保障上の共通課題により効果的に対応するために『平和のためのパートナーシップ』プログラムに合意した。更に、二〇〇二年以降ロシアとNATOとの間には、ロシアNATO理事会が設置され、欧州大西洋地域の安全保障につき意見交換・協力を促進する仕組みが出来てきた。そして、一九九九年三月にはポーランド、チェコ共和国、スロバキア共和国、ハンガリー、バルト三国などがNATOに加盟した（これらの国々は、二〇〇四年にはEUに加盟した）。

しかし、依然としてロシアは米国に匹敵する核大国であることに変わりなく、他方米国や欧州諸国、特にロシアに隣接する国々はロシアに対する警戒心を拭い去ることは出来ない。このようなNATO諸国の対ロシア警戒心と、NATOやEUの東方への拡大へのロシアの警戒心は根強い。こうした中で二〇一三年以来ウクライナ問題（二〇一四年にはロシアは、クリミア半島を国際法に反し一方的にロシアに編入。二〇一四年四月以降はウクライナ東部に親ロ派を支援してウクライナを内戦状態にしている）が発生している。今日、統合欧州の中でドイツは経済的には第一の生産力（その四分の一）を有し、ドイツ抜きには欧州の問題は解決できない、と言ってよい。例えば、二〇一〇年に発生したギリシャの財政危機に発したユーロ危機の克服もドイツの協力抜きにしては考えられなかったし、二〇一四年末に再び深刻になったギリシャの債務危機の克服もおそらくギリシャ自身の改革に加えて、ドイツの若干の譲歩が必要であろう。振り返って考えると、欧州統合（EU）の東方拡大も、大きくなった市場と民主主義の発達していったドイツへの中欧諸国の憧れ抜きには考えられない。

3　ドイツとロシア（クリミア半島併合とウクライナ親ロ派の後ろ盾）

また、当初、経済的巨人、政治的小人と揶揄されながら、今日欧州の平和は西欧近隣諸国、ソ連・中東欧諸国の信頼の獲得へのドイツの長い、粘り強い努力があったればこそ可能であった。政治的にも、二〇一五年二月のウクライナに関するミンスク合意はそのことを如実に示している。ウクライナの問題を、これを戦争状態に発展させないように、ミンスク（ウクライナの隣国白ロシアの首都）でウクライナと親ロ派との停戦を図るべく、フランスを巻き込んで、ドイツが親ロ派の後ろ盾となっているロシアとの仲介に乗り出し、長時間の議論の末、二〇一五年二月十五日から停戦が合意されたのである。そして停戦には、兵力の分離のためにあのOSCEがその役割を果たすことになった。この歴史的な背景には、伝統的とも言っていいドイツとロシアの政治的経済的関係もあるし、フランス無しにはドイツにとって第二次世界大戦後培ってきた欧州統合の結束の固さはありえないし、ロシア・ドイツの協力だけでは、またあの一九二二年の「ラッパロの再来か！」（注、ラッパロはイタリアの漁村の名であり、一九二二年当時近くの大都市ジェノヴァで開かれていたドイツの第一次世界大戦後の賠償問題について国際協議していた際に、ドイツとソ連の代表団が密かにラッパロで会合し、両国が外交関係を結ぶこと、ソ連がドイツの戦時賠償を放棄することに合意し、以来西側諸国はソ連・ロシアとドイツとの協力に対して「ラッパロの再来か?」と懐疑心を抱くようになった)の疑念を招きかねず、との思惑もあったかも知れない。そしてなによりも、このままでは欧州で米・ロシアの戦争に発展しかねない、との欧州の危機感があったであろう。

ロシアの行動の背景には、一九九一年末にソ連が崩壊した後、中東欧、中央アジア諸国が次々と独立し、EU、NATOが東方に拡大し、欧州の大部分はEU、NATOの加盟国になり、今ロシアの隣国であり、かつてソ連の一部であったウクライナのEU加盟も現実味を増してきた。ロシアにしてみれば、自国の安全保障が脅かされつつある、との認識であろう。ウクライナの西部はかつてオーストリアの領土であり、今日の若い世代のウクライナの人々にはEUへの憧れが強い。長期的な将来ウクライナが増々EUに靡《なび》きかねない。クリミアを自国に編入し、その後も東ウクライナで親ロ派をバックアップしているロシアは、自国の安全保障上の緩衝地帯が欲しいのであろう。

Ⅸ　欧州統合

1　欧州と日本

欧州統合について述べる前に、欧州を研究し、日本と欧州の関係を深めることに従事してきた私が常に念頭に置いてきたことを以下私なりに簡単に述べてみたい。

明治の開国以来、日本はその近代化の過程で欧州から多くのことを学んできた。その過程で日本も欧州の帝国主義に伍してアジア諸国の一部を侵略し、果ては日本がアジアを主導する「大東亜共栄圏」という大それた構想まで唱えて第二次世界大戦に突入した過ちを犯した。

第二次世界大戦後日本と欧州は、戦争の勝者であろうと敗者であろうとは問わず互いに復興に忙殺された。安全保障面で、迫りくるソ連の脅威に直面して欧州は、米国などとNATO（北大西洋条約機構）を結成し、長いこと宿敵同士であった西ドイツ、フランスは和解して協力の道を選び、両国を中心に欧州統合に歩みだし、また大戦後東西に引き裂かれた国家と国民の統一を目指して西ドイツはソ連・東欧諸国と武力放棄の条約を結んで、和解と協力の道を進み、「東方外交」を展開してきた。他方、日本は一九五二年にサンフランシスコ平和条約の発効とともに主権を回復した後、アジア諸国の大半と戦後賠償をはじめ、戦後の処理の問題に集中してきた。

結局日本は、一九六四年にOECD（経済協力機構）に加盟し、先進国の一員となり、欧州諸国と対等の関係を築き、更に一九七四年にはフランス大統領ジスカール・デスタン（当時）の提唱した先進国サミット（先進主要国サミット、米国、フランス、西ドイツ、英国、イタリア、日本、翌年米国の提唱によりカナダが加わり、G7と呼ばれている）の一員になった。

西ドイツの民主的な再出発、西側統合（NATOの一員、フランスとの和解と協力を基礎とするEEC――ヨーロッパ経済共同体――の推進）、ソ連・東欧諸国との和解と協力を目指した「東方外交」の展開、ソ連でゴルバチョフ書記長の誕生を経て、東欧諸国のソ連からの独立とともに、一九九〇年にはドイツも統一された。そして、冷戦の崩壊とともに、NATOは更にメンバー国を旧中・東欧に拡大し、行動範囲も東方に拡大（例えば旧ユーゴースラビア、アフガニスタン）したし、ＥＣ（欧州共同体――一九六七年には欧州石炭鉄鋼共同体、欧州原子力共同体、欧州経済共同体の事務局が一体化し、欧州共同体となった）は、更に一九九三年にはこれまでの市場の一体化の成果の下に、ＥＵ（欧州同盟）に発展し、ＥＵは二〇一五年五月現在欧州の大半の二十八カ国をメンバーとする共同体となっている。ＥＵは、経済的には、二〇〇二年以来共通通貨ユーロを市場に導入し、ユーロは現在（二〇一五年五月）十九カ国で流通している。

ＥＵは、約五億人の人口を抱え、その生産額は世界の二六％に及び、最近では、ＥＵとして国際会議（特に経済、環境面）にも一つの共通単位として登場している。ＥＵは日本にとっても従来より重要性を持っており、日本の直接投資では、中国、米国と並んで重要であり、特に貿易・投資・金融面での自由なルールづくりに協力は欠かせないし、地球環境面でも更に協力を強化することが重要となってゆくだろう。欧州・ＥＵとの協力は、日本とＥＵ関係の強化は日本が世界的にバランスの取れた対応、均衡ある考え方を形成するのに有用であろう。彼らの持つ、人権問題へのアプローチ、アジア、アフリカでの経験を生かすことも日本にとって有用であろう。また最近のロシアの外交に対しても欧州の対応も大いに参考になろう。EUは日本とも、民主主義、市場経済、人権の尊重の共通価値観を有しており、またEUは文化の多様性を有しており、文化交流は日本の文化の発展にも有用であろう。欧州アジア会議（ASEM）が持たれているが、もっとこのような機会を利用して具体的な問題を協議したり、協力してゆく努力が必要ではないか、と思う。例えば、国際法の重視、例えば日本が重視する海洋の自由航行の確保など。また、アジアでも、信頼醸成処置を含んだアジア版の安全保障・協力会議（アジア安全保障と協力会議）の構想も考えていってはどうだろう（もっとも、アジアの安全保障にとっては、米国の関与が不可欠であるが）。なお、日本とEUは一九八〇年代より年一回の定期首脳会議を実施している。

2　ユーロ危機とEU

EUを知るためにも、二〇一〇年春に発生し、二〇一二年秋にひとまず終息したユーロ危機について触れておこう。もっともユーロの危機は、二〇一四年秋も新たに直面したギリシャの債務危機をどう克服するか、問題を含んでいる。ただし、今回のギリシャ危機は、先のユーロ危機と違ってギリシャに同情する国が少ないこと、それにギリシャの危機が他の国々に波及する恐れが少なく、ユーロ危機につながらないことが救いである。

二〇一〇年春にギリシャの財政危機が明らかになって以来、この問題は他のユーロ加盟国にも財政危機が広がる様相を示した。そこでユーロ加盟国は、欧州安定化基金——ＥＦＳＦ——を設けたり、欧州中央銀行による国債の購入策に踏み切ったり、加盟国によるギリシャ援助を行ったり、ＩＭＦをも含めてＩＭＦ、ＥＵ、欧州中央銀行——いわゆるトロイカーによるギリシャに対する金融支援を行ってきた。そうして二〇一二年末、欧州理事会（ＥＵの最高決定機関）に於いてギリシャへの融資再開、欧州中央銀行を中心とするＥＵ内銀行監督の一元化、ＥＳＭ（欧州安定化メカニズム）より銀行への直接資本注入などの工程表に合意した。その後に起こったキプロス金融危機の克服作業もあったが、一応ユーロ危機は一息ついた、と言われた。しかしながらその後もユーロ安定の道は保障されていない。今後も、欧州統合、経済・通貨政策の安定的運営のためには、共通経済政策のもう一つの柱と言われる財政政策の共通化が必要と言われる。しかし、この面では加盟国が依然として権限を手放さず、進んでいないのが現状である。ＥＵ統合は現段階でも不完全、と言われる所以である。

こうして考えると、欧州統合の最終目的である政治同盟はまだまだ先の話である。また先のユーロ危機克服の過程で生じたユーロ圏諸国とそれ以外のＥＵ加盟国（その筆頭は英国）との齟齬を克服することが必要であろう。なお、二〇一四年末に生じたギリシャの債務危機は、先の債務危機を乗り越えるために合意されたはずのギリシャの財政の健全化のため、付随するギリシャ自身の改革努力を十分に遂行しなかったことにも主たる原因があるようで、他方でドイツをはじめユーロ加盟国の若干の理解も不可欠の様相を示している。なおギリシャの新政権は二〇一五年三月、自己の債務問題に関して、ドイツ政府に第二次世界大戦中のドイツ帝国の侵略に対して賠償を請求する、と表明している（なお、ギリシャ政府はギリシャ国民は緊縮策反対の意見であるとＥＵに対して述べていながら、緊縮政策を最終的には受け入れるようなことも言って、本当に何を言いたいのか理解が難しい。ＥＵ、特にドイツはそんなギリシャ政府と交渉するのは大変だなあ、と心から同情する。いろいろと言いつつ、実はギリシャ政府こそＥＵ統合は進んでゆくのだ、と確信しているのかもしれない）。

これまでのＥＵの歴史を振り返って私の個人的感想を申し上げると、ＥＵは成立以来数々の問題に直面してきた。しかし、長年の宿敵であった独仏の和解をもとに、その都度ＥＵは、欧州の地から二度と戦争を起こしてはならない、との固い政治的意思と、英知と勇気、政治的妥協によりそれらの困難を克服してきて、今日の統合の段階にまで達したのである。もちろん現在ＥＵが直面しているユーロ危機は過去にＥＵが直面した問題に比べて、ＥＵの将来にとって難しい問題であろう。この問題の背景には、欧州の先達が、戦争のない欧州の建設に掛けた熱い思いが、若い世代には、戦争のない現在の欧州が所与のものとして当然視されて、なかなか理解されることが難しいものとなっている、という事情もあるのではないか、と思う。また、ＥＵが発展し、その全容が一般市民には解り難くなっており、ＥＵの進展が以前ほどのスピードで進んでいないという事情もあるかもしれない。しかし、ＥＵは独仏和解を原点にこれまで統合を深めてきており、その統合はもはや後戻りできない点までに達しており、時間はかかっても必ずや一層の統合任務に向かって新しい知恵とエネルギーで進んでゆくものと思っている。

3　欧州統合の歴史

第二次世界大戦の惨禍がまだ生々しい一九四六年、欧州の戦争への痛烈な反省を踏まえて、イギリスの前首相チャーチルが、欧州合衆国を提唱してまもなく七〇年、また、欧州統合が実際出発したフランス外相のシューマン宣言が発せられてまもなく六五年経とうとしている。ここで欧州統合の歴史を振り返ってみよう。

欧州統合への夢は古く、九世紀初めのフランク王国カール大帝の頃、キリスト教を信奉し、カロリンガー・ルネッサンスと評される欧州文化が謳歌する欧州帝国が想定された。それが中世の時代神聖ローマ帝国の最初の頃、この帝国が欧州全体をキリスト教の下に一つの帝国に導くのではないかと想定されたが、この帝国は、理念的なものに留まり、実際には欧州にはハプスブルク家の支配するオーストリア、スペイン、フランス王国、英国、ドイツの領邦国家（後のプロイセンに発展）などが成立していった。そして一八七一年にドイツ帝国が成立して以来、ドイツ、フランスの二度にわたる大戦を中心に欧州は世界規模に広がる戦場の一つになり、国土は惨憺たる状態の廃墟になった。

戦争を繰り返してきた欧州は、その文化、宗教の一体性を認識しつつ、漸く悲惨な第一次世界大戦後、戦争を克服し、平和を創造するためには、欧州を統合する必要に改めて気づかされた。一九二三年に始まったパン・ヨーロピアン運動もその一つである。ちなみに、パン・ヨーロピアン運動が起こったのは、欧州で戦争はもうこりごり、とする雰囲気が始まるロカルノ条約の締結される二年前、そしてパリ不戦条約の締結される数年前の時代であった。なおパン・ユーロピアン運動を始めたのは、明治時代に日本に駐在したオーストリア＝ハンガリー帝国の外交官クーデンホーフ・カレルギーとその妻光子との間に生まれた子息であった。この運動は、一九二九年に起こった世界恐慌によって立ち消えになったが、第二次世界大戦を阻止できなかったことの反省から、第二次世界大戦後本格的に欧州の平和・協力の道が模索された。その第一歩を、大戦後首相を退いていたイギリスの前首相チャーチルが一九四六年チューリッヒ演説で表明した。彼は、その演説で、これまで欧州を巻き込む戦争の元凶であったドイツとフランスの和解と協力の必要性と、長い間に欧州で育てられた民主主義、人権の尊重を強調し、欧州合衆国の創設の必要性を強調した。その後、具体的に当時のフランスの外務大臣ロベール・シューマンが、独仏が和解して、これまでの戦争のもとになった欧州の石炭と鉄鋼を国際的な管理の下に置く、というアイデアを提案した。この考えに独仏伊ベネルクス三国が賛意を表明し、一九五二年に欧州統合の芽となる欧州石炭鉄鋼共同体（ECSC）が六カ国で発足した。更に一九五〇年代後半に欧州経済共同体（EEC）と欧州原子力共同体が発足し、一九六七年には欧州経済共同体は関税同盟に発展し、上記三つの共同体の事務局は一体化し、ここに欧州共同体（EC）となった。当初、欧州には、「欧州合衆国」設立に向かうべき（例えば、ドイツにはこのような考え方が強い）との考え方もあったが、六〇年代に入って、フランスのド・ゴール大統領の介入で、「欧州合衆国」という構想は後退し、「祖国からなる欧州」という考えに変化をせざるを得なかった。更に一九七三年には、英国がECに加盟すると、英国の「より緩やかな欧州統合」という考え方が入ってきて、欧州統合の進め方もより複雑になった（例えば、当初のEEC委員会中心的な加盟国の主権の放棄的な在り方から、現在の政府間協議という進め方にもその傾向がみられる）。

一九七〇年代になって、通貨面で欧州は更に重要な一歩を進めた。すなわち、ドイツ連邦共和国のシュミット首相（当時）とフランス大統領のジスカール・デスタン（当時）のイニシアチブで欧州通貨システムが成立して、欧州は通貨面でも協力を強めた。また外交面でも、七〇年代前半より、「欧州政治協力」を進め、欧州としての発言力を深めた。そして八〇年代の後半には、ヒト、モノ、資本の自由な移動を可能とする「単一議定書」も出来上がった。こうして、一九九三年にはマーストリヒト条約により、欧州共同体ECは欧州同盟EUに発展し、これまでの経済、内務協力に加え、外交・安全保障協力も進めることになった。更に通貨面では、一九九九年には、欧州通貨同盟が発足し、二〇〇二年には共通通貨ユーロが当初十二カ国市場に導入された（この間欧州同盟には、EFTA諸国、欧州の中立を標榜する国、そして、二〇〇四年には中・東欧諸国、バルト三国などが加盟し、二〇一五年五月現在、加盟国は二十八カ国、ユーロは十九カ国に導入されている）。

順調に進んできた統合のプロセスは、二〇〇五年、「欧州憲法」と呼ばれる統合文書が、加盟国の一部で否定されて以来、遅々として歩みを遅らせているように見られる。その背景には、加盟国が増加し、統合のプロセスが複雑になり、それが一般市民には解り辛いものなっていること、移民も増加し、欧州の文化・社会が複雑になっていることなどがあげられるが、何よりも若い世代に、第二次世界大戦直後のような統合への意欲が希薄になってきていることも考えられる。しかしながら、二〇〇九年以来欧州理事会議長が選任され（議長はＥＵ大統領とも呼ばれる）、共通外交・安全保障上級代表も任命され、統合は、数々の困難（その典型的な例が、ギリシャの財政問題に発したユーロ危機）にも拘らず、これからもゆっくりと時間をかけながらも進んでゆくものと思う。

今後のＥＵの直面する問題で、ギリシャの財政危機は、ギリシャがＥＵに留まるか否かを問わず、いずれギリシャは、租税逃れなどの改革が必要であろう。問題は、二〇一七年中と目される英国の「ＥＵに留まるか否か」の国民投票の実施である。周知のように、英国国民は、ヨーロッパと英国を区別している傾向が強い。最近も反移民政策を唱えたり、反ＥＵ政策を唱える人も多くなっている。このような傾向が英国のＥＵ脱退の方向に国民投票の結果となるのが心配である。現在の様子では、結局英国はEUに留まる、との結果になるだろうが、その過程で英国とEUの交渉で欧州統合の行方が一層緩やかになることも想像される。そう考えると、欧州統合は気の遠くなるような長期的なプロセスとなろう。

4 欧州同盟の組織

第二次世界大戦後出発した欧州統合は、一九五二年に発足した欧州石炭鉄鋼共同体を皮切りに、一九九三年に欧州同盟の装いを、複雑な問題と挑戦に直面しながらも新たにし、統合を深めている。

二〇一五年初めの段階のEU（欧州同盟）の現状組織を見てみたい。

＊繰り返しになるが、まず、欧州統合の理念は次の六つからなると言えよう。

◎戦争のない欧州の建設（欧州プロジェクトと呼ばれる）

◎人権の保障される欧州

◎議会制民主主義の擁護

◎多様性を保ちながら文化的一体性を維持すること
◎政治的にも経済的にもグローバルな世界の中で一つの声で発言
◎市民のための統合欧州
◎更に言えば、アメリカ、アジアに対抗してゆける政治、経済力を育てること。そして、第二次世界大戦後、ソ連に対抗し、ソ連型経済『不足の経済』に対抗し、強い経済力を建設

統合欧州の特徴は、超国家性の萌芽とも言える。それは国家から独立したEU機関が造る法律、規則などがEUの加盟国、企業、市民に直接適用されることでも伺われる。しかし、EU加盟国の結びつきは、現在のところ、国家の連合ではなく、連邦国家でもない結びつきである。

諸機関の本部所在地は、条約で規定されているわけではない。それは、政治的に微妙な、争いのある問題である。だから「欧州の首都」なるものは存在しない。ただしEUの事務局があるブラッセル、と並んでルクセンブルク、シュトラスブール、それに欧州中央銀行の本部があるフランクフルトが著名である。

通常、機関間には、三権分立の原則があるが、EU機関はそのようになっていない。例え

ば、欧州議会には、立法権の一部はあるが、EUの場合、立法のイニシアチブは欧州委員会が持っている。

欧州理事会

加盟国の国家・政府首脳（大統領・首相）で構成され、今日では、EUの将来、基本的な問題などEUが直面する重要な問題を協議、決定を行う。欧州理事会の会議は、二〇〇四年以来専らブラッセルで開催されている。欧州理事会には、各国首脳とともに、投票権は無いものの欧州議会議長、欧州委員会委員長、二〇〇九年以来共通外交・安全保障上級代表も参加する。従来は、EU理事会は加盟国の首脳が輪番制で議長を務めていたが、二〇〇九年十二月以来二年半の任期で、議長が選任され（同議長は、EU大統領とも呼ばれる）、二〇一五年現在ポーランド出身のトゥスク氏が勤めている。

閣僚理事会——通常、理事会、と呼ばれる

かつては、加盟国の利益を代表する会議であったが、欧州理事会の定例化以来、その重要

性は、欧州委員会と同様後退している。

欧州議会

一九五〇年代には「集会」と呼ばれる存在で必ずしも重要視されなかったが、時とともに欧州議会の持つ権限は強くなっている。現に二〇一四年行われた欧州議会選挙で第一党となった保守陣営の代表が、欧州理事会の尊重の下に欧州委員会委員長（ルクセンブルク出身のユンカー氏）に任命された。しかし、現欧州議会（現在の欧州議会議長はマルチン・シュルツ氏）もその権限は、欧州理事会、閣僚理事会、欧州委員会と比べて十分強力とは言えない。

各議員は、五年の任期で、各加盟国に人数（例えば、ドイツは英国、フランス、イタリアと並んで二十九名で、その次がスペイン、ポーランドで二十七名、最小のマルタが三名）が割り当てられ、加盟国で直接選挙で選ばれている。そして、議員は、国を横断して欧州規模で議員団を構成している。欧州議会は、立法の中心的役割を果たしている。そのほか予算の決定権限がある。

また従来より、欧州理事会の提案に基づいて欧州委員長を選出する権限がある。

欧州委員会

当初は欧州統合の牽引者、と言われたが、最近では、欧州理事会が力を伸ばしている中で、その権限は縮小を余儀なくされている。しかし、欧州委員会は、EUの立法、予算についてイニシアチブをとる権限があり、共通外交・安全保障政策においても、共通外交・安全保障上級代表は、欧州委員会副委員長であり、外交上EUを代表する場合が多くなった。委員は五年の任期で、加盟国から要望されたリストから委員長が選んだ人物を、欧州理事会が推薦し、欧州議会が承認する。委員は形式上加盟国からも完全に独立性を有する。

委員会は、法律の提案権を有する。更に委員会は、欧州理事会の権限を除き、政治的に実施機関の役割を果たす。また、委員会はEUの対外権限の重要な部分を有する。閣僚理事会の権限委託を得て、対外交渉を行い、国際的に大使館の機能を担い、条約が加盟国で実施されているかを監視したり、欧州裁判所では、EUを代表する。

そのほか、閣僚理事会の準備を行なったり、閣僚理事会に委任された仕事を遂行する加盟国の常駐代表会議がある。常駐代表は、大使級で構成され、加盟国からの指示に従って行動するが、逆にEUと加盟国間の絶えざるコーディネーションの役割を果たしている。

＊なお、ＥＵは、文化の多様性を重んじており、ＥＵ諸機関で使用されている言語についても、公用語は、二十三に及ぶ。すなわち、ＥＵの発表はすべてこれらの公用語でなされる。ＥＵの市民はＥＵの諸施設に於いて彼らの好む言語を使用する権利を有する。ただし、ＥＵ諸機関での使用される言語は、圧倒的に英語が多く、次いでフランス語、大きく水をあけてドイツ語が使用されている。

欧州中央銀行

現在話題となっているユーロ問題のキー・パーソンの一人である欧州中央銀行について言及しておこう。説明した通り、欧州通貨同盟は一九九九年に発足し、二〇〇二年には共通通貨ユーロが大半の加盟国市場に導入された。このユーロの安定化に重要な役割を担っているのが、欧州中央銀行（ＥＣＢ）である。

ＥＣＢの重要な機構は、ＥＣＢ理事会である。ＥＣＢ理事会メンバーは二十二名の各国の中央銀行の総裁と六名の幹部理事からなる。幹部理事は、欧州中央銀行総裁と副総裁に加えて、四名の理事の六名からなる。総裁は、二〇一一年以来マリオ・ドラギ（イタリア人）が勤めている。これまで、大きな国ドイツ、フランス、イタリア、スペイン人が幹部理事会の四つの理事メンバーを占めている。ECBの理事会は、ECB総裁が議長を務め、特にユーロ・システムに課された課題の基本ライン及び決定をユーロ圏の通貨政策のために行う。幹部理事会は、この決定と基本ラインを実施する。なお、幹部理事会は、ECB理事会の準備に当たっても強い権限を持っている。ヨーロッパ政策上、ECBの議決権配分は重要である。ECB理事会と幹部理事会は、双方とも、基本的には単純多数決で議決する。賛否同数の時は、総裁の一票が決定的である。ECBの資本と外貨準備その他は、資本参加比率や過重多数決（註　基本的には人口比率が重要）によって決定する。

各国の中央銀行は、もはや独自の通貨政策を持たない。ECBの指示や基本線は、ユーロ加盟国の中央銀行を拘束する。

5　欧州通貨同盟の展望とユーロ

一九九九年以来、ユーロ・システムはEUの物価の安定という課題を一貫して追求してきた。二〇〇三年まで初代総裁であったドイセンベルク（オランダ人）、そして第二代総裁のトリシェー（フランス人）の活動についてもそのように言えよう。ユーロは最初米国ドルに対して為替評価を下げたが、二〇〇四年以降米ドルとの評価額を超え、国際貿易決済手段及び外貨準備通貨として高く評価されてきた。しかし、その後は、重大なチャレンジを受けている。通貨を共通にして、他方財政政策は加盟国の自治に任せているという非対称的な構造は、このままでいいのかどうかが、現在はっきりしない。いくつかの加盟国はＥＣＢの安定化政策を危険にさらしかねない金融・財政政策を執り行っている。完成された国内市場を伴った欧州統合のためには、将来全ての加盟国がユーロを導入することが望ましいが、現状では、英国はじめスカンジナビア諸国（フィンランドを除く）はユーロ導入に懐疑的である。しかし、通貨同盟の将来のためにも、特に英国のユーロ導入が望ましい（ロンドンが有している金融市場としての重要性に着目しても）。

総体として、欧州経済通貨同盟は、一九九九年の開始以来多くの懸念や問題の発生に比し、比較的良好にスタートした。しかしながら共通化制度は未だ確固とは言えない。中心的な問題は、ユーロゾーンの加盟国の中で「安定文化」を根付かせることである。その点ＥＣＢは通貨政策で貢献してきた、と言えよう。憂慮すべきは、加盟国の中で（その中にはドイツもフランスも含まれる)、彼等は必ずしも一致して強力に財政均衡に重きを置いてこなかった。通貨に関する権限の共通化により、次第に経済・金融・社会政策に関する実質的な機能がEUに移ってゆき、その結果EUが高いレベルでの政治同盟に至る道すべに至るのだろうか?これまでのEU改革では、加盟国はまだその用意がなかった、と言えよう。今問題になっているのは、安定化志向を有する加盟国と別の財政文化を持つ、例えばギリシャ、との分裂が深まり、前者が後者を追放するのではないか、と懸念されている。EUが出発した原点に立ち返り、加盟国間で、均衡の取れた、中庸の道を見つけるよう願わざるを得ない。EUが安定しつつ発展してゆくことはEUのみならず世界の平和を願う人々の願いではなかろうか。要するに、通貨同盟が進んでゆくこと、そして欧州の統合が成功することを願っている。

6　欧州共通外交・安全保障・防衛政策

EU統合に於いて、最も新しい、難しい問題に触れておこう。この問題は、マーストリヒト条約(一九九三年発効)でようやくEU条約上の基礎を得た。この問題は、それ以前の数年間前からＥＵとしての共通のアクションが強化されてきた。実際、ブラッセルでは共通外交・安全保障政策は既に七〇年代の初めより存在感を示してきた（例えば、一九七三年秋のＥＵ中東声明）。もっとも、この分野ではそれほど期待されたほどには進んだわけではない。背景には、外交・安全保障という国の主権にとって最も手放すことが難しい問題であることを反映し、この問題を扱う閣僚理事会（外交、国防大臣）の決定は、基本的に全会一致という限界があり、更に加盟国の増加とともにそれも一層難しくなっていった、という事情もあろう。共通安全保障・防衛政策となると、依然として義務という事でなく、あくまで自主的という原則に留まっている。外交分野での権限は依然として加盟国のものであるのが実情である。

二〇〇九年十二月に発効したリスボン条約は、この分野での制度的な強化を狙ったもので、同時に世界におけるＥＵの顔、存在感を示そうとしたものである。しかしながら、この条約も一体的な、超国家的な内容の外交の実施には、ほど遠いことが認識されている。とにもかくにもＥＵの人的存在感は、共通外交・安全保障の上級代表が任命されたことで新たなステップが示された。この「ＥＵ外務大臣」は、閣僚理事会に出席すると同時にＥＵ委員会の構成員という「二股」をかけている。この地位は、「ＥＵ大統領」やＥＵ委員長よりも下であり、まだその点で弱体である。「ＥＵ大統領」は、ＥＵ理事会議長であり、強大な発言権を持っており、他方、最近できた欧州外務省事務局は、まだ期待されたほどではない。このように、共通外交・安全保障の決定権は優れて加盟国の政府首脳が握っており、超国家性には程遠いのが実情である。

しかし今日では、ＥＵ外交と言われる場面が増えている。ＥＵの対外関係での権限は広がっており、例えば、関税政策、対外貿易政策、多くの開発援助政策、人権条約、国際機関、経済制裁などにはＥＵとして条約を締結したり、参加している。ＥＵは国際法の主体として百九十以上の国から承認され、外国首都にはＥＵ代表部があり、ブラッセルには各国のＥＵ代表部がある。

問題は、せっかくリスボン条約以降ＥＵ共通外交・安全保障上級代表を任命したのに、その権限は勧告権限で、交渉の開始、条約の署名、締結は、閣僚理事会が握っており、上級代表は、方向性を示したり、加盟国間の調整を図るなどの限られた権限に留まっていることである。これが、ＥＵの共通安全保障・防衛政策となると加盟国の権限が一層明確になる。

一九九三年のマーストリヒト条約で、安全保障の観点が、ＥＵの共通外交・安全保障政策として取り入れられたが、二〇〇九年のリスボン条約で共通安全保障・防衛政策に結びついた。共通のＥＵ共通安全保障・防衛政策は、共通外交・安全保障政策の一環となったが、これには特別な決議（加盟国の全会一致が必要）を必要としており、今後も、慎重な、遅々とした長い道のりが必要であろう。第一、ＥＵは独自の国防軍を持たず、その限りでは、ＮＡＴＯ（北大西洋条約機構）との協力も必要となり（なお、ＥＵとＮＡＴＯは二〇〇三年以来、戦略的パートナーシップを結び、ＥＵは軍隊を必要とするようになったときは、ＮＡＴＯの計画・指揮の下でＮＡＴＯの部隊を使用することが出来るようになった）、その時にはまた、ＥＵの中で、ＮＡＴＯのメンバーでない国（例えば、スウェーデン）との調整も必要になってこよう。

いずれにせよ、ＥＵの外部に対する武力による防衛は、欧州統合の最後の姿であり、完全なＥＵの共通な防衛政策はまだ先の話であり、これまでの一連の加盟国の政治的態度を見る限り、中期的に見てもそのような展開は非常に難しい、と言えよう。

ドイツ関連年表

紀元前三世紀頃	ゲルマン民族、ライン川左岸、東方に現れる
紀元九年	トイトブルクの森でローマ人と戦い勝利
紀元七世紀	クローヴィスのフランク王国成立
八〇〇年	カール大帝、西ローマ皇帝の称号を得る
八四三年	ヴェルダン条約によりフランク王国三分
九一一年	コンラードI世即位（最初のドイツ国王といわれる）
九五五年	オットーがレッヒフェルトの戦いでハンガリー人撃退
九六二年	オットーが教皇より神聖ローマ皇帝の称号を得る
一一九二年頃	ホーエンツォレルン家のフリードリッヒ、ニュルンベルク城伯に
十三世紀	十三世紀に至って、ドイツの諸侯によって東方への進出
一二二八年	ヘルマン・ザルツァによるドイツ騎士団樹立
一四一五年	フリードリッヒI世がブランデンブルク辺境伯に（〜一四四〇年）
一五二五年	ブランデンブルクとプロイセンが繋がりを深める
一六一八年	三十年戦争（〜一六四八年）
一六六〇年	プロイセン公国成立
一七〇一年	ブランデンブルク選帝侯、プロイセン王の称号を得る。フリードリッヒ一世即位

	（ホーエンツォレルン家〜一七一三年）
一七一四年	ラシュタット条約（オーストリア、スペイン領ネーデルランド獲得）
一七四〇年	（プロイセン）フリードリッヒ二世（大王）即位（〜一七八六年）
	マリア・テレジア、オーストリア領を継ぐ（〜一七八〇年）
	オーストリア継承戦争（〜一七四八年）
	第一回シュレージェン戦争（〜一七四二年）
一七四二年	ブレスラウの和約（プロイセン、シュレージェンを獲得）
一七四四年	第二回シュレージェン戦争（〜一七四五年）
一七四五年	ドレスデンの和約（プロイセンにシュレージェン割譲、フランツ一世（マリア・テレジアの夫、フランツ・ステファン、ロートリンゲン家〜一七六五年）の皇帝即位を承認）
一七四八年	アーヘンの和約（オーストリア継承戦争終結）
一七五〇年	（プロイセン）フリードリッヒ大王、ヴォルテールを招聘
一七五六年	第三回シュレージェン戦争（七年戦争）。（〜一七六三年）
一七五七年	ロスバハの戦い（フリードリッヒ、フランス軍を破る）
一七五九年	クーネスドルフの戦い（フリードリッヒ、オーストリア＝ロシア連合軍に惨敗）
一七六二年	ロシア女帝エリザヴェータ没し、ロシア＝プロイセン講和
一七六三年	フベルトゥスブルクの和約（七年戦争終結、プロイセンのシュレージェン領有確定）
一七六五年	（オーストリア）ヨーゼフ二世即位（〜一七九〇年）

一七七六年		〔アメリカ独立宣言〕
一七八九年		〔フランス革命始まる〕
一七九〇年		プロイセン＝オーストリア、ライヒェンバハ協定で和解
一七九二年		〔オーストリア〕フランツ二世即位（〜一八〇六年）
		ヴァルミーの戦い（プロイセン・オーストリア軍、フランス革命軍に破れる）
		〔仏〕王政廃止
一七九五年		バーゼルの和約（プロイセン、戦線離脱）
		第三次ポーランド分割（ポーランド滅亡）
一七九七年		カンポ・フォルミオの和約（オーストリア、フランスと和平）
		〔プロイセン〕フリードリッヒ・ヴィルヘルム三世即位（〜一八四〇年）
一八〇〇年		マレンゴの戦い（ナポレオン、オーストリア軍を破る）
一八〇一年		リュネヴィルの和約（ライン左岸のフランスへの割譲公式に確認）
一八〇三年		帝国代表者会議主要決議（ドイツ諸邦領域の再編成）
		〔ナポレオン、皇帝即位〕
一八〇五年		〔アウステルリッツの戦い〕〔トラファルガー沖海戦〕
一八〇六年	七月	ライン連邦成立
	八月	神聖ローマ帝国解体
	十月	イエナ・アウエルシュテットの戦い
一八〇七年	七月	ティルジットの和約（プロイセン、エルベ以西を失う）

	十月	（プロイセン）シュタインの改革始まる
一八一三年	三月	プロイセン＝ロシア対フランス宣戦
		解放戦争始まる（反ナポレオン戦争〜一八一五年）
	十月	ライプチッヒ諸国民戦争
一八一四年	九月	ウィーン会議（戦後処理ヨーロッパ諸国会議）
一八一五年	六月	ドイツ連邦発足（ウィーン会議に基づいた国家連合組織）
一八一九年	八月	カールスバートの決議（メッテルニヒ主導による自由主義弾圧決議）
一八二〇年		ウィーン最終規約（立憲主義への疑念、君主制原理の確立）
一八三〇年		ハノーファー、クールヘッセン等で立憲運動〔フランス、7月革命〕
一八三四年		ドイツ関税同盟発足
一八四〇年		（プロイセン）フリードリッヒ・ヴィルヘルム四世即位（〜一八六一年）
一八四四年		シュレージェン織工一揆
一八四八年		マルクス・エンゲルス『共産党宣言』。三月革命（メッテルニヒ失脚）
	五月	フランクフルト憲法制定国民会議
	十二月	（オーストリア）フランツ・ヨーゼフ一世即位（〜一九一六年）
一八五三年		〔クリミア戦争（〜一八五六年）〕
一八五八年		（プロイセン）王弟ヴィルヘルム摂政となる（「新時代」始まる）
一八六一年		（プロイセン）日本と修好通商条約締結
一八六二年		（プロイセン）ビスマルク首相就任

一八六三年		ラサールの指導で全ドイツ労働者協会結成。
		（米）奴隷解放戦争
一八六四年	一月	プロイセン・オーストリア、デンマークに宣戦
	十月	ウィーン条約（シュレスヴィヒ＝ホルシュタインをプロイセン・オーストリアに譲渡）
一八六六年		プロイセン・オーストリア（普墺）戦争（ドイツ連邦解体、プロイセンの覇権確立）
一八六七年		北ドイツ連邦成立（プロイセンを盟主とする連邦～一八七一年）
		（オーストリア）オーストリア＝ハンガリー二重帝国成立
一八七〇年		プロイセン・フランス（普仏）戦争（フランス、アルザス＝ロレーヌを割譲）
		（伊）ローマ併合
一八七一年		ドイツ帝国成立。ヴィルヘルム一世ドイツ皇帝即位を宣言（ドイツ統一国家の成立。第二帝国とも。～一九一八年）
		ドイツ帝国憲法発布
		（仏）パリ・コミューン
一八七三年		三帝同盟成立
一八七五年		ドイツ社会主義労働者党結成。ゴータ綱領採択
一八七八年	六月	ベルリン会議
	十月	社会主義者鎮圧法制定。保護関税法制定
一八七九年	十月	ドイツ・オーストリア同盟（対ロシア防衛）
一八八一年	六月	独墺露三帝条約締結

一八八二年	五月	独墺伊三国同盟（ドイツ・イタリア・オーストリア軍事同盟）
一八八六年		ロシアとの再保障条約締結
一八八八年		ヴィルヘルム一世没、フリードリッヒ三世即位
		フリードリッヒ三世没、ヴィルヘルム二世即位（〜一九一八年）
一八九〇年	三月	ビスマルク辞任（社会主義者鎮圧法でヴィルヘルム二世と対立）
一八九一年		社会民主党（旧社会主義労働者党）カウツキーのエアフルト綱領採択
		「新航路」政策始まる（ヴィルヘルム二世の海外進出政策）
一八九八年		第一次艦隊法制定（新航路政策による海軍増強案）
一九〇〇年		第二次艦隊法制定
一九〇五年	三月	第一次モロッコ事件（ドイツ皇帝、モロッコに示威的訪問、ドイツ孤立化）
一九〇五年	十月	（オーストリア）ボスニア・ヘルツェゴビナ併合
一九一四年	六月	フランツ・フェルディナンド大公夫妻、サラエボで暗殺
	八月	第一次世界大戦（ドイツ、対ロシア・対フランス宣戦〜一九一八年）
		山東で日本軍に敗れる
一九一五年		（伊）三国同盟を破棄して、オーストリアに宣戦
		（日）中国に二十一ヶ条の要求
一九一六年	一月	スパルタクス団結成
	十一月	（オーストリア）フランツ・ヨーゼフ一世没、カール即位（〜一九一八年）
一九一七年	一月	無制限潜水艦（Uボート）作戦宣言

	四月	アメリカの対ドイツ宣戦
	三月	ロシア革命、皇帝退位
	十一月	ボルシェビキ、ソビエト政権樹立
一九一八年	一月	米大統領ウィルソン、十四か条提案
	十一月	ドイツ革命（水軍、キール軍港制圧）ヴィルヘルム二世退位・亡命、ドイツ帝国崩壊
		オーストリア皇帝カール退位。ドイツ降伏、第一次世界大戦終結
一九一九年	一月	スパルタクス団蜂起　ワイマールに国民会議招集
	二月	エーベルト大統領就任（〜一九二五年）
	六月	ベルサイユ条約調印（ドイツ、アルザス・ロレーヌをフランスに返還。多額の賠償金を負う）
	七月	ドイツ共和国（ワイマール）憲法制定。議会制民主主義共和国（ワイマール共和国）誕生
一九二〇年	三月	カップ一揆（共和制打倒を目指す）
		国際連盟成立
一九二一年		ヒトラー、国家社会主義ドイツ労働者党（ナチス党）結成
		〔ワシントン軍縮会議〕
		〔日英同盟破棄〕
一九二二年	四月	ラッパロ条約
		（伊）ムッソリーニ、ローマ進軍
一九二三年	一月	フランス＝ベルギー、ルール地方へ進駐（賠償金を求める。経済大混乱に陥る）レンテンマルク銀行券発行（対インフレ対策）ローザンヌ会議開催

	十一月	ヒトラー、ミュンヘン一揆
一九二四年		ロンドン会議でドーズ案承認（賠償軽減案）
一九二五年		ヒンデンブルク大統領就任（～一九三四年）
	十二月	ロカルノ条約締結（西部国境の不変更・中欧の安全保障体制を目指す）
一九二六年	九月	ドイツ国際連盟加入（外相シュトレーゼマン）
一九二八年		パリ不戦条約
一九二九年	六月	ヤング案の調印（ドーズ案の修正案）
	七月	世界大恐慌
一九三〇年	九月	総選挙でナチス党大進出、第二党となる。ヤング案発効
一九三一年		（日本）満州事変
一九三二年	六月	ローザンヌ賠償会議
	七月	ナチス第一党となる
一九三三年	一月	ヒンデンブルク大統領、ヒトラーを首相に任命
	二月	国会放火事件
	三月	全権委任法
	十月	国際連盟・軍縮会議脱退〔日本、国際連盟脱退〕
一九三四年		ドイツ＝ポーランド不可侵条約調印
	八月	ヒンデンブルク大統領没。ヒトラー、総統と首相兼務
一九三五年	一月	ザール人民投票（ドイツへの帰属決定）

	三月	ヒトラー再軍備宣言。イギリス＝ドイツ海軍協定
		（伊）エチオピアに侵入
一九三六年	三月	ロカルノ条約破棄宣言、ラインランド進駐
	八月	ベルリンでオリンピック大会
	十月	ベルリン＝ローマ枢軸協定
	十一月	日独防共協定締結
一九三七年	七月	（日）本格的に中国と戦争
	十一月	ヒトラーの歴史的会議。日独伊三国防共協定
一九三八年	三月十二日	ドイツ軍、オーストリアに進駐
	十三日	ドイツ、オーストリアを併合
	九月十四日	ヒトラーとチェンバレンのオーヴァー・ザルツベルクのヒトラーの山荘での会談
	九月二十九日	ミュンヘン会談（ズデーテンのドイツ割譲）
	十月	チェコスロバキア大統領、辞任
一九三九年	三月	第一次ウィーン裁定
	三月	スロバキア自治共和国へ、チェコスロバキア、ドイツの保護国へ
	八月二十三日	ドイツ・ソ連不可侵条約締結、秘密の付属議定書でポーランドでの独ソの利益圏を決定、ポーランド東部をソ連に、西部をドイツの利益権に
	九月一日	ドイツがポーランド侵攻
	九月三日	英、仏がドイツに宣戦　第二次世界大戦勃発

一九四〇年	六月	ドイツ軍パリに入城　イタリアが枢軸国としてドイツ側で参戦
	七月	ドイツ、英国を攻撃
	八月	「第二次ウィーン裁定」
	九月	日独伊三国同盟締結
	十一月	ハンガリー、日独伊三国防共協定に調印
一九四一年	六月	ドイツがソ連攻撃
	八月	米・英首脳会談、大西洋憲章発表
	十二月	モスクワ郊外でドイツ軍、ソ連軍に阻止される
	十二月八日	（日）真珠湾攻撃　英国がハンガリーに宣戦布告
	十二月十二日	ドイツが米国に宣戦
一九四二年	十一月	連合軍アフリカ大陸上陸
一九四三年	一月	連合軍カサブランカ会談
	二月	ドイツ軍、スターリングラードでソ連に降伏
	九月	イタリア政府、連合軍と和平協定締
	十一、十二月	米・英・ソ連首脳テヘラン会談
一九四四年	三月	ドイツがハンガリー占領
	六月六日	連合軍ノルマンディー上陸
	七月二十日	ヒトラー暗殺未遂事件
	八月	連合軍パリに入城

一九四五年	二月	米英ソ連首脳クリヤ半島のヤルタで会談
	五月八日	ドイツの降伏
	六月五日	連合軍、ドイツの全権掌握
	七月十七日〜八月二日	ポツダム会談
	八月	ポーランド、ソ連との間でポーランド西部国境画定
	八月十四日	日本、ポツダム宣言受託
	十月	ニュルンベルク国際軍事法廷開始
一九四六年	六月	英国元首相チャーチル、スイス・チューリヒで「鉄のカーテン」演説
一九四七年	一月	米英、西ドイツの占領地統合（Bizonen の成立）
	三月	トルーマン米国大統領、「封じ込め」演説（トルーマン・ドクトリン）
	六月	マーシャル米国国務長官、マーシャル計画発表
一九四八年	六月	西側占領地域で通貨改革（ドイツマルクの導入）、次いで、ソ連占領地域（東ドイツ）でも通貨改革 ソ連の西ベルリン封鎖に対抗して、米国、英国、西ベルリンへの大空輸作戦実施
	九月	西ドイツ議会協議会、ヘレン・キームゼーにて基本法起草
一九四九年	五月八日	基本法採択（二十三日、基本法公布）
	五月十日	ボンを暫定首都に決定
	九月二十日	第一次アデナウアー内閣成立

	五月二十三日	ドイツ連邦共和国成立
一九五〇年	五月	ロベルト・シューマン、欧州石炭鉄鋼共同体（ＥＣＳＣ）設立構想を提案
一九五二年	四月	〔対日サンフランシスコ講和条約発効〕
	五月	欧州防衛共同体条約調（しかし、この条約は一九五四年八月三十日にフランス国民議会が否決）
	七月	欧州石炭鉄鋼共同体（ＥＣＳＣ）発足
一九五三年	六月十七日	東ドイツの労働者蜂起
一九五五年	五月五日	西ドイツの主権回復
	五月九日	西ドイツのＮＡＴＯ加盟
	十四日	東ドイツがワルシャワ条約機構に加盟
	十五日	オーストリア国家条約に署名。オーストリアは主権回復
	九月	西ドイツがソ連と外交関係樹立（アデナウアーの訪ソ）
	十月	ザール住民投票、ザールは西ドイツに留まる
一九五六年		ポーランド、ポズナンで市民の暴動
	十月二十三日	ハンガリー革命、ナジ首相、ワルシャワ条約脱退と中立化を宣言
	十一月四日	ソ連の軍事介入でハンガリー革命失敗。以降カーダル・ヤーノシュが第一書記に
一九五八年	一月一日	ローマ条約発効（欧州経済共同体および欧州原子力共同体ユーラトムの発足）
	六月	ハンガリーでナジ処刑
	十一月	ソ連、西側三連合国にベルリン最後通牒

一九六一年	八月十三日	ベルリンの壁構築開始
一九六二年	十一月	キューバ危機、以後、米ソ緊張緩和へ
一九六三年	一月二十二日	仏独、エリゼー条約調印
	十一月	西ドイツ議会　エアハルト首相選出
一九六六年	七月	フランスはＥＥＣより代表を撤収（空席政策）
	十二月	キージンガー内閣（ＣＤＵ／ＣＳＵとＳＰＤの大連立内閣、キージンガー首相、ブラント外相）成立
一九六七年	一月	フランスがＥＥＣに復帰（「ルクセンブルクの妥協」）
	六月	イラン皇帝の西ドイツ訪問中、デモンストレーションで、学生が射殺された
	七月	ＥＥＣ、ＥＣＳＣ、ユーラトム事務局が統合され、ＥＣ（欧州共同体）に
	十二月	ＮＡＴＯ、アルメル報告（安全保障と緊張緩和の両輪）採択
一九六八年	六月	西ドイツの非常事態法発効
	八月二十一日	ワルシャワ条約軍、チェコスロバキアに侵入
一九六九年	七月一日	ハイネマン、西ドイツ連邦大統領に就任
	十月	ＳＰＤ／ＦＤＰ（ブラント首相・シェール外相）連立政権発足
一九七〇年	三月	戦後初めて東西両ドイツ首相の会談、五月に第二回目の会談
	八月	モスクワ条約調印
	十二月	ワルシャワ条約調印
一九七一年	五月	東ドイツのホーネッカー、ウルプリヒト書記長の後任に

	九月三日	(西)ベルリンに関する四カ国協定署名
一九七二年	六月三日	モスクワ条約、ワルシャワ条約、(西)ベルリン四カ国協定発効
	十二月二十一日	両ドイツ間基本条約署名
一九七三年	一月一日	英国等ECに加盟
	七月三十一日	欧州安全保障協力会議(CSCE)開始
	九月	両ドイツ、国連加盟
	十二月	西ドイツとチェコスロバキア間の条約(プラハ条約)署名
一九七四年	五月	ブラント首相辞任、後任にヘルムート・シュミット首相就任
一九七五年	八月一日	ヘルシンキにて欧州安保最終文書採択
一九七七年	九月	シュライヤー西ドイツ産業連盟会長、誘拐される
	十月	「ドイツの秋」
一九七八年		独(シュミット首相)と仏(ジスカール・デスタン大統領)のイニシアチブで欧州通貨システム成立
一九七九年	十二月	NATOの二重決定
	十二月	ソ連、アフガニスタンに侵入
一九八〇年	九月	ポーランドで自主管理労組「連帯」が設立される
一九八一年	十二月十三日	ポーランド戒厳令
一九八二年	十月四日	西ドイツでヘルムート・コール首相、ゲンシャー外相の内閣が発足
一九八四年	九月	西ドイツ首相コール、ミッテラン・フランス大統領が第一次世界大戦で両国の激

		戦地ヴェルダンで手に手を取って、不戦の誓いをデモンストレーション
一九八五年	三月十一日	ソ連でゴルバチョフがソ連共産党書記長に就任
	六月	シェンゲン協定署名
一九八七年	一月	ECの単一議定書発効
	九月	ホーネッカー東ドイツ書記長、西ドイツ訪問
	十二月	米ソ首脳会談、中距離核（INF）撤廃条約に署名
一九八八年	五月	ソ連軍、アフガニスタンから撤退開始
		ハンガリーにおいてカーダール書記長が退陣
一九八九年	五月二日	ハンガリー、オーストリアとの国境鉄条網切除
	六月四日	中国天安門事件
		ポーランドで戦後初めての大幅な自由選挙
	十六日	ハンガリーでナジ・イムレの名誉回復
	八月十九日	ハンガリー、オーストリアとの国境の町ショプロンでパン・ヨーロッパ・ピクニック実施
	二十五日	ハンガリーのネーメト首相、ホルン外相、西ドイツのコール首相訪問
	九月十一日	ハンガリー、国境開放
	三十日	在チェコスロバキアの西ドイツ大使館に籠城する東ドイツ人、東ドイツ・ドレスデン経由で西ドイツ出国
	十月七日	東ドイツ建国四十周年記念日

	十八日	東ドイツでホーネッカー書記長解任
	十一月九日	ベルリンの壁崩壊
	十七日	東ドイツ、モドロウ首相（東ドイツ共産党最後の首相）就任
	二十五日	チェコスロバキアのヤケシュ共産党書記長辞任
	二十八日	西ドイツ、コール首相、ベルリンの壁崩壊後ドイツ問題に関する10項目提案を連邦議会で発表
	十二月二日	米ソ首脳会談（マルタ）
	四日	NATO首脳会談
	八日	欧州理事会
	二十日	フランスのミッテラン大統領東ドイツ訪問
	二十二日	ベルリンのブランデンブルク門開放
	二十八日	チェコスロバキアでハベル大統領就任
一九九〇年	一月三十日	東ドイツのモドロウ首相、段階的な統一案（モドロウ・プラン）を提示
	三十一日	ゲンシャー外相、トゥッティング講演
	二月十日	西ドイツのコール首相、ゲンシャー外相訪ソ
	十三日	東西両ドイツ、米英仏ソ連、ドイツ問題について二プラス四（両ドイツプラス米、英、仏、ソ）協議開催に合意
	二十四日	コール首相キャンプ・デービットでブッシュ米国大統領と会談
	三月十八日	東ドイツで自由な総選挙

四月十二日	東ドイツでデ・メジエール（東のCDU）内閣発足
七月一日	両ドイツ間通貨・経済・社会同盟発足
二日	ソ連共産党会議（十三日まで）
五日	NATOロンドン宣言（新戦略の検討開始）
十四日	コール首相訪ソ
十五日	コール首相、ゲンシャー外相コーカサス訪問
十七日	パリでの二プラス四会合にてゲンシャー外相よりポーランド西部国境をオーデル・ナイセ線とする独・ポ条約をドイツ統一後に署名することで合意
八月二日	〔イラクのクエート侵略〕
三十日	欧州通常戦力交渉（CFE）において、統一ドイツの兵力上限を三十七万人とすることをゲンシャー外相が表明
九月十二日	二プラス四終了
二十九日	両ドイツ間統一条約発効
十月二日	米英仏ソ、ベルリンおよび全ドイツに関する権利及び責任の終了宣言
十月三日	ドイツ統一
十一月十四日	ドイツ・ゲンシャー外相とポーランド・スクヴィエツキ外相、ドイツとポーランドの国境画定条約に署名
十九日	CSCE首脳会議（おいてパリ、二十一日まで）
十二月二日	初めての統一ドイツ総選挙

一九九一年	一月十七日	〔クエート解放のため米国はじめ多国籍軍の軍事作戦開始〕
	三月六日	ドイツ、掃海部隊をペルシャ湾に派遣することを決定
	三十一日	ワルシャワ条約機構の軍事機構解体
	六月二十日	ドイツの首都をベルリンに決定（連邦議会）
	八月十九日	ソ連で保守派のクーデター、三日で失敗
	十二月二十五日	ソ連邦解体
一九九三年	一月一日	チェコスロバキア、チェコとスロバキアに分離・独立
	十一月一日	マーストリヒト条約発効、ＥＵ（欧州連合）発足
一九九四年	八月	ロシア軍、東ドイツ地域、ベルリンより最終的に撤退
		ＮＡＴＯとロシア「平和のためのパートナーシップ」プログラムに合意
一九九五年	一月一日	ＣＳＣＥはＯＳＣＥに改組
一九九七年	五月二十七日	ＮＡＴＯとロシアの間の相互関係、協力、安全保障に関する基本文書署名
一九九八年	六月一日	フランクフルトで欧州中央銀行発足
一九九九年	一月一日	単一通貨ユーロ導入
	三月十二日	チェコ、ハンガリー、ポーランドがＮＡＴＯ加盟
	九月	ベルリンへの首都機能移転完了
二〇〇〇年	五月七日	ロシアでプーチン大統領就任
二〇〇一年	九月十一日	〔米国同時多発テロ〕
二〇〇四年	五月一日	チェコ、スロバキア、ハンガリー、ポーランド、スロベニア、マルタ、キプロス、

		バルト三国がEUに加盟
二〇〇七年	一月一日	ブルガリア、ルーマニアがEUに加盟
二〇〇八年	二月十七日	〔コソボ独立〕
	五月七日	〔ロシアでメドヴェージェフ大統領就任〕
	八月八日	ロシアのグルジアへの軍事介入
二〇〇九年	一月二十日	〔米国でオバマ大統領就任〕
	四月五日	〔オバマ大統領、プラハで「核兵器のない世界」演説〕
二〇一〇年	五月	ギリシャの財政危機を契機として、ユーロ危機が発生
二〇一二年	秋以降	欧州安定化基金の創設、欧州中央銀行の大量の国債購入処置などにより、ギリシャ融資の再開を機として、ユーロ危機はひとまず一服
二〇一四年	三月	ロシア、ウクライナのクリミア半島を一方的に自国領に編入
	四月頃より	ロシア、東ウクライナで親ロシア派を支援
	暮れより	再びギリシャの財政危機が顕在化
二〇一五年	二月	ロシア、ドイツ、フランス、ウクライナの首脳によりウクライナ東部の武力衝突停止の合意（ミンスク合意）

あとがき

二〇一五年三月、ドイツ連邦共和国のメルケル首相が七年振りに我が国を訪問した。六月にドイツで開かれるG七サミットの打ち合わせのためである（G七の議長国の首脳は、事前に各参加国首脳に会う習慣になっている）。私が一九九〇年代にベルリンに滞在していた頃、シュミット元首相はよく、ドイツは友人に囲まれているが、日本は友人に恵まれていない、と言っていたという。日本は果たして、近隣諸国に友人に恵まれているのだろうか？

二〇一五年八月には、第二次世界大戦終了七〇周年目ということで日本では総理大臣の談話を出す、と話題になっている。九五年八月には終戦五〇周年という節目に村山談話（当時の村山首相は談話で、「国策を過ち、日本はアジア諸国に侵略し、多大な苦痛と迷惑を掛けたことを痛切に反省し、戦後日本は平和の道を歩んできた」旨を表明した。私は、大使として二〇〇五年のブタペストでの天皇誕生日レセプションでの挨拶で、村山談話と同様なことを言った覚えがある）

が出たが、二〇一五年の戦後七〇周年に談話を踏襲するかどうかが注目されている。

同じく第二次世界大戦に敗北し、そこから立ち上がった日本とドイツの戦後の在り方がよく比較されるが、メルケル首相は、東京での講演及び質問に答えて、戦後のドイツが、過去と真摯に向き合い、近隣諸国から和解と信頼を寄せられたことに感謝していることを強調していた。ドイツに指摘されるまでもなく、日本独自の理由から、日本も歴史に真摯に向き合い、近隣諸国からの信頼を勝ち得てゆくことが必要であると、改めて思った。中国や韓国に対しても大人の対応をすることも必要ではないか、と思う。単に「対話のドアは開かれている」と言うのでは日本政府は傲慢だ、とされかねず、例えば韓国に対して「慰安婦問題は法的に決着済み」と言うだけではなく、彼らのメンツが立つように何らかのアイデアを提示することも必要ではないか（日本側から、それではどうしたらよいのか、という事で韓国政府とも話し合いが行われているであろうが）と思う。もちろん米国は第一の友好国であるが、友人を近隣に得る努力も必要ではないか。それから、安全保障を確保する努力（国防努力）と緊張を緩和する努力（和解と協力の強化、ＯＳＣＥのような信頼醸成の努力）の両方の努力が必要であることを、日独の歴史と伝統の違いを勘案しつつ、ドイツの歴史と第二次世界大戦後の欧州統合の動きと現状からヒントを得ようと振り返った次第である。

なお、最近のドイツの日本を見る目が厳しくなりつつなっていると感じられるのは、日本だけのせいではあるまい。ドイツが経済を重視するあまり、中国の経済的発展を注目し、その反動で日本を重視しなくなったのかも知れない。戦後緊密だった日独関係の冷却化が、気になるところである。

しかし、好むと好まざるとに拘らず、近年欧州では統一されたドイツの影響力は無視出来ないまでに大きくなったが、私は、今後ともドイツが、「ドイツのヨーロッパ」ではなく、「ヨーロッパのためのドイツ」であり続けるよう、そしてドイツ外交を見つめてきた者として、ドイツが平和なヨーロッパに資してゆくように心から願わざるを得ない。そしてまた何よりも、（ドイツとの比較ではなく）日本が過去から学び（そのためには、まず、過去の歴史をできるだけ正確に学ぶことが必要であろう）、第二次世界大戦後の平和への貢献を誇り、これからも軍事大国にならず、貧困国を支援し、平和国家として、民主主義の一層の発展と、格差の少ないバランスのとれた経済の健全な発展をする国家となってほしい。そのためにもドイツをはじめそれぞれの歴史からも学んでいってほしい。

なお、日本については、気になることがある。それは、日本政府がこの五月に安保法案を国会に提出したが、この法案は、戦後の日本の安全保障政策に大きな転換をもたらすものであるにも拘らず、国会での論戦を聞いていて、正直言って法案の趣旨が国民はおろか専門家といわれる人々に必ずしも十分に理解されているとは思われない。私自身は長いこと集団安全保障は国際法上どの国にも実施が許されていることは常識だと考えて来たが、ホルムズ海峡の機雷除去は何も集団安全保障処置で行う必要はないし、周辺事態法は変えて他方で日米安全保障条約はそのままにしておく、というのは理解できない。それほどの重要な変更というならば、法案について国会で国民の理解が得られるように十分議論してほしい、と願っている。

最後になったが、本書の出版については、えにし書房代表取締役の塚田氏の後押しがあり、編集にあたっても種々貴重なアドバイスを得た。厚くお礼を申し上げる。

（二〇一五年五月　記）

参考文献

◆ドイツ史全般

林健太郎編『ドイツ史』（増補改訂版）山川出版 一九九二年一月

◆欧州中世史

〈中世ヨーロッパの歴史〉

堀越港一致著『中世ヨーロッパの歴史』（第14刷）講談社学術文庫 二〇一四年一月

〈プロイセンの歴史〉

Uwe Klussmann/Norbert F.Poerzl *Die Hohenzollern* Deutsche Verlags-Anstalt, 2011

Sebastian Haffner *Preussen ohne Legende* Siedler,2. Auflage, 1998

Sebastian Haffner *Von Bismarck zu Hi tler Ein Rueckblick* knauer 1998

Hans-Joachim Schoeps *Preussen*, Propylaen, 1995

Christian Graf von Krockow *BISMARCK*, Deutsche Verlag-Anstalt GmbH,stuttgart,1997

〈第一次世界大戦〉

井上寿一著『第一次世界大戦と日本』講談社現代新書 二〇一四年六月

〈第二次世界大戦〉

井上寿一編『日本の外交 第2巻 外交史戦前編』岩波書店 二〇一三年

加藤陽子著『それでも日本人は「戦争」を選んだ』朝日出版社二〇〇九年

Winston S Churchill *Der Zweite Weltkrieg* 3.Auflage,2004. 4 Fischer VerlagGmbH

Teheran Jalta Potsdam. Die Sowjetischen Protkolle von den Kriegskonferenzen der ;grossen Drei; Verlag Wissennschaft und Politik3.Auflage, 1985

Walter L.Benecker *Europa zwischen den Weltkriegen 1914-1945* UTB,2002

〈ヨーロッパ史〉

Gordon A Craig *Geschichte Europas 1815-1980* C.H.Beck 1995

〈戦後のドイツ〉

Konrad Adenauer *Erinnerungen, 1945-1953, 1953-1955, 1955-1959, 1959-1963* Deutsche Verlag Anstalt ,3.Auflage 1985

Waldemar Besson *Der Aussenpolitik der Bundesrepublik* R.Piper Co.Verlag 1970

塚本哲也著『平和ドイツの時代』文藝春秋社 一九九一年二月

Heinrich August Winkler *Der lange Weg nach Westen,Deutsche Gesichte vom ;Dritten Reich;bis zur Wiedervereinigung* 2,C.H.Beck 2000

50 Jahre Bundesrepublik Deutschland Deutsche Verlags-Anstalt GmbH1999

Der dipuromatische Weg zur deutschen Einheit Richard Kiessler,Frank Elbe Suhrkamp 1999

佐藤健生　ノルベルト・フライ編『過ぎ去らぬ　過去との取り組み——日本とドイツ』岩波書店　二〇一一年

Willy Brandt *Erinnerungen* Propyaen Verlag 2002

Helmut Kohl *Ich wollte Deutschlands Einheit* Polylaeen Verlag 1996

Helmut Schmidt *Handeln fuer Deutschland* Rowolt-Berlin 1993

〈ドイツ外務省と過去〉

Das AMT und die Vergangenheit,Deutsche Diplomaten im dritten Reich und in der Bundesrepublik,Conzen・Frei・Hayes・Zimmermann, Kahr Bressing Verlag Muenchen 2010

〈EUの歴史〉

Oppermann,Classen.Nettesheim *Europarecht,5.lage* Beck,2011

【著者略歴】　稲川 照芳（いながわ・てるよし）

1943 年　岐阜県生まれ
1968 年 3 月　東京大学法学部卒、在学中西ドイツ・フライブルク大学留学
1968 年 4 月　外務省入省
1969 年 7 月　西ドイツへ
1969 年 1 月から 1971 年 7 月までチュービンゲン大学にて研修・留学
1971 年 7 月～ 1973 年 8 月　ベルリン総領事館副領事
1977 年 8 月～ 1980 年 6 月　ボン大使館
1980 年 6 月～ 1982 年 5 月　チェコスロヴァキア大使館
1987 年 11 月～ 1991 年 2 月　オーストリア大使館
1991 年 3 月～ 1992 年 7 月　ドイツ大使館
1992 年 8 月～ 1995 年 7 月　デュッセルドルフ総領事
1997 年 9 月～ 1999 年 7 月　ベルリン総領事（大使）
1999 年 8 月～ 2002 年 8 月　在ウルグアイ特命全権大使
2002 年 1 月～ 2003 年 9 月　通関情報センター監事
2003 年 9 月～ 2006 年 11 月　在ハンガリー特命全権大使
　この間、本省在勤中は、条約局、欧亜局、情報文化局、国際情報局、中南米局、総合外交政策局軍備管理・科学審議官組織、に勤務。
2006 年 12 月退官
2007 年 1 月　中欧研究所設立、代表就任
2007 年 1 月～ 2013 年 12 月　スズキ株式会社顧問
2008 年 4 月～ 2014 年 3 月　昭和女子大学客員教授

著書『欧州分断の克服――外交現場からの手記』（信山社、2011 年）
　　『現代日本の国際関係――東アジア・日本・欧州』（信山社、2014 年）
訳書『ハンガリー人――光と影の千年史』（レンドヴァイ著、信山社、2007 年）

ドイツ外交史

プロイセン、戦争・分断から欧州統合への道

2015年 8月15日 初版第1刷発行

■著者　稲川照芳
■発行者　塚田敬幸

■発行所　えにし書房株式会社
〒102-0074 東京都千代田区九段南 2-2-7 北の丸ビル 3F
TEL 03-6261-4369　FAX 03-6261-4379
ウェブサイト　http://www.enishishobo.co.jp
E-mail　info@enishishobo.co.jp

■印刷／製本　壮光舎印刷株式会社
■組版・装幀　板垣由佳

ISBN978-4-908073-14-4 C0022

周縁と機縁のえにし書房